“十三五”国家重点出版物出版规划项目

国家出版基金项目
NATIONAL PUBLICATION FOUNDATION

"十三五"国家重点出版物出版规划项目
国别商务环境研究系列丛书

总主编　杨言洪

英国商务环境

王　波　主　编
李冠良　副主编

对外经济贸易大学出版社
中国·北京

图书在版编目（CIP）数据

英国商务环境 / 王波主编. —北京：对外经济贸易大学出版社，2019.12

（国别商务环境研究系列丛书）

ISBN 978-7-5663-2128-2

Ⅰ. ①英… Ⅱ. ①王… Ⅲ. ①国际商务–经济环境–研究–英国 Ⅳ. ①F735.61

中国版本图书馆 CIP 数据核字（2019）第 280519 号

英国商务环境

王 波 主编

责任编辑：刘 丹

对外经济贸易大学出版社

北京市朝阳区惠新东街 10 号 邮政编码：100029

邮购电话：010 – 64492338 发行部电话：010 – 64492342

网址：http://www.uibep.com E-mail：uibep@126.com

三河市少明印务有限公司印装 新华书店经销

成品尺寸：170mm×230mm 12 印张 222 千字

2019 年 12 月北京第 1 版 2019 年 12 月第 1 次印刷

ISBN 978-7-5663-2128-2

印数：0 001 – 2 000 册 定价：56.00 元

国别商务环境研究系列丛书
编委会名单

序　　言

改革开放以来，中国经济持续快速发展，如今已成为世界第二大经济体。随着开放型经济建设水平和质量的不断提升，中国参与世界经济活动的广度和深度与日俱增。仅以国际贸易为例，世界贸易组织公布的贸易统计数据显示，2018 年中国货物进出口总额约为 4.623 万亿美元，居世界第一。其中，出口额 2.487 万亿美元，占全球出口总量的 12.8%，居世界第一；进口额 2.136 万亿美元，占全球进口总量的 10.8%，居世界第二。

在经济全球化深入发展的新形势下，党的十九大报告中提出，“要主动参与和推动经济全球化进程，发展更高层次的开放型经济，不断壮大我国经济实力和综合国力。”

开放型经济是一种全方位、宽领域、深层次开放的经济形态，一种内外联动、互利共赢、安全高效的经济体系。随着中国建设“开放型经济”战略的不断深化，相信未来将有更多的中国企业走出国门投资建厂或从事工程承包等业务。因此，我们比以往任何时候都更加需要对世界各地区和国家的了解。

在这个多元的世界上，各个地区、各个国家、各个民族历史进程不同，文化背景迥异，经济和社会发展程度存在差异，政治体制、社会结构、法律法规千差万别。这就需要我们对经济合作与贸易往来对象国的商务环境进行认真研究，为中国企业“走出去”投资经商、工程承包等提供智力支撑。

1999 年 12 月底成立的 20 国集团（G20），由原来的八国集团（美国、日本、德国、法国、英国、意大利、加拿大、俄罗斯）和中国、阿根廷、巴西、印度、印度尼西亚、墨西哥、沙特阿拉伯、南非、韩国、土耳其十个新兴工业国家，以及澳大利亚和欧盟组成，其 GDP 总量约占世界的 85%，人口约 40 亿，占世界总人口的将近三分之二。

由对外经济贸易大学区域与国别研究院支持编写的“国别商务环境研究系列丛书”（第一批和第二批）聚焦 G20 成员国的商务环境，并相继得到国家出版基金项目支持。相信该系列图书的出版，对于服务国家建设开放型经济发展战略，创新对外投资方式，促进国际产能合作，增强中国企业国际化经营能力和竞争力将会大有裨益。

杨言洪

2019 年 7 月

目　录

第 1 章　英国概况 …… 1
1.1　英国的疆界 …… 1
1.1.1　地理环境 …… 1
1.1.2　国家及人口 …… 3
1.1.3　英国历史沿革 …… 6
1.2　英国政治经济概况 …… 9
1.2.1　政治概况 …… 9
1.2.2　经济概况 …… 12
1.2.3　政府宏观调控 …… 15
1.2.4　经济发展现状 …… 16
1.2.5　市场环境 …… 21
1.2.6　人民生活 …… 23
1.2.7　社会福利保障 …… 24
第 2 章　英国法律环境 …… 27
2.1　英国法律的性质与渊源 …… 27
2.1.1　宪法 …… 27
2.1.2　其他法律 …… 28
2.2　法院体系 …… 29
2.2.1　治安法院 …… 29
2.2.2　郡法院 …… 30
2.2.3　高等法院 …… 30
2.2.4　上诉法院 …… 30
2.2.5　上议院 …… 31
2.3　市场法律法规 …… 31
2.3.1　英国市场法律总览 …… 31
2.3.2　英国重点市场法律介绍 …… 33
第 3 章　英国贸易环境 …… 35
3.1　英国对外贸易综述 …… 35

3.1.1 货物贸易现状 …… 35
3.1.2 服务贸易概况 …… 44
3.1.3 英中进出口贸易 …… 49
3.2 英国外贸管理机构和政策 …… 54
3.2.1 贸易政策 …… 54
3.2.2 行政机构 …… 54
3.3 英国进口管理制度 …… 58
3.3.1 进口关税 …… 58
3.3.2 增值税 …… 59
3.3.3 最低门槛 …… 59
3.3.4 发票付款 …… 60
3.3.5 国际支付（外汇支付） …… 60
3.4 英国出口管理制度 …… 61
3.4.1 英国出口欧盟以外的货物 …… 61
3.4.2 在欧盟范围内调度货物 …… 67
3.5 英国贸易协定 …… 72
3.5.1 英国与英联邦的贸易关系 …… 72
3.5.2 英国与美国的贸易关系 …… 73
3.5.3 英国与加拿大的贸易关系 …… 73
3.5.4 英国与北美自由贸易协定区的贸易关系 …… 74
3.5.5 英国与亚洲和太平洋的贸易关系 …… 74
3.6 英国贸易习惯 …… 75
3.6.1 英国的礼仪文化与禁忌 …… 75
3.6.2 谈判礼仪 …… 76
3.7 英国海关行政处罚规定 …… 77
3.7.1 对侵权商品的扣查与抗诉 …… 78
3.7.2 对偷漏税的处罚 …… 81
3.8 英国税制 …… 82
3.8.1 税务年度，财政年度，会计期间和个人纳税年度 …… 83
3.8.2 英国增值税的主要原则 …… 83
3.8.3 英国公司税的主要原则 …… 83
3.8.4 在英国的就业税 …… 84
3.8.5 英国所得税的基本原则 …… 85

3.8.6 商业利率 ······ 85
第 4 章 英国金融环境 ······ 87
4.1 英国货币体系 ······ 87
4.1.1 英镑与美元的汇兑 ······ 88
4.1.2 英镑与人民币的汇兑 ······ 90
4.1.3 英镑波动的原因 ······ 91
4.2 英国金融机构概览 ······ 93
4.2.1 中央银行和货币政策 ······ 93
4.2.2 英国银行体系 ······ 94
4.2.3 投资银行 ······ 98
4.2.4 开英国银行企业账户 ······ 99
4.3 英国金融市场 ······ 100
4.3.1 伦敦股票市场 ······ 101
4.3.2 英国外汇市场 ······ 102
第 5 章 英国投资环境 ······ 103
5.1 投资环境 ······ 104
5.1.1 基础设施 ······ 104
5.1.2 劳动力情况 ······ 104
5.1.3 开发区或自由贸易区 ······ 106
5.1.4 金融环境 ······ 107
5.2 吸引外资政策 ······ 108
5.2.1 鼓励投资的行业 ······ 109
5.2.2 政府资助及鼓励措施 ······ 109
5.2.3 相关税收政策 ······ 111
5.3 外国企业准入程序 ······ 114
5.3.1 外国企业设立程序 ······ 114
5.3.2 公司类型 ······ 114
5.3.3 公司注册 ······ 114
5.3.4 劳工进入要求及工作签证 ······ 115
5.4 投资相关机构 ······ 115
5.4.1 政府部门 ······ 115
5.4.2 商务业务主管机构 ······ 116
5.4.3 半官方商务服务机构 ······ 118

5.4.4 商务服务中介组织 …… 118
5.5 英国海外领地及双边协定 …… 119
5.5.1 英国海外领地 …… 119
5.5.2 英国主要海外领地 …… 120
5.5.3 英国双边投资协定和税收协定 …… 122
5.6 英国脱欧 …… 122
5.6.1 英国经济预测 …… 123
5.6.2 英国脱欧后与欧盟贸易的影响 …… 124
5.6.3 英国脱欧后贸易关税变化 …… 125
5.6.4 英国脱欧后贸易救济 …… 127
5.6.5 英国脱欧后过程变化 …… 127
5.6.6 英国脱欧后从欧盟进口的变化 …… 128
5.6.7 英国脱欧后从欧盟出口的变化 …… 136
第 6 章 英国社会文化环境 …… 143
6.1 英国饮食 …… 143
6.2 英国体育 …… 147
6.3 英国购物 …… 152
6.4 英国的节假日 …… 155
6.4.1 英国的公共假日 …… 155
6.4.2 英国的其他节庆 …… 156
6.5 英国的博物馆、美术馆和文化节 …… 157
6.6 英国的交通 …… 162
6.6.1 在英国开车 …… 162
6.6.2 英国公路 …… 163
6.6.3 大伦敦开车须付费 …… 163
6.6.4 顺时针进入环形交叉路口——在英国驾驶 …… 164
6.6.5 英国的公共交通 …… 164
6.7 英国的生活与健康保险 …… 165
6.7.1 英国的生活 …… 165
6.7.2 英国的健康保险 …… 165
6.8 英国的教育 …… 166
6.8.1 公立学校 …… 166
6.8.2 私立学校 …… 167

6.8.3 国际学校 …………………………………………………………167
6.9 英国文化的多样性和不同的社会习俗 ……………………………169
6.9.1 英国商务礼仪 …………………………………………………169
6.9.2 英国商业文化 …………………………………………………170
6.9.3 业务介绍：留下良好的第一印象 ……………………………170
6.9.4 英国办公室着装规范 …………………………………………170
6.9.5 了解英国的幽默、轻描淡写等 ………………………………170
6.9.6 避免直接陈述 …………………………………………………171
6.9.7 英国著名的幽默 ………………………………………………171

参考文献……………………………………………………………………173
致谢…………………………………………………………………………175

第1章 英国概况

1.1 英国的疆界

1.1.1 地理环境

英国全称为大不列颠及北爱尔兰联合王国，地处欧洲西部，由大不列颠岛、爱尔兰岛东北部和一些小岛组成。英国在行政上划分为英格兰、苏格兰、威尔士和北爱尔兰四部分，其中北爱尔兰是联合王国中唯一与另一个主权国家爱尔兰共和国接壤的地区。除了这片陆地边界外，英国被大西洋环绕，隔北海、多佛尔海峡、英吉利海峡与欧洲大陆相望，海岸线总长 11 450 公里。

英国的国土面积为 244 100 平方公里（包括内陆水域）。其中英格兰 130 400 平方公里，苏格兰 78 800 万平方公里，威尔士 20 800 平方公里，北爱尔兰 14 100 平方公里。英国的自然地理差异很大。英格兰主要为低地地形，总体表现为西北高，东南低，有“英国脊梁”之称的奔宁山脉位于英格兰的西北部；威尔士境内多山，地势崎岖，坎布里亚山脉纵贯全境，其境内的斯诺登山海拔 1 085 米，为英国第二高峰；苏格兰包括三个自然地理区：北部高地、中部低地和南部台地，苏格兰北部的本尼维斯山海拔 1 343 米，为英国最高峰。北爱尔兰的地貌主要为低高原和丘陵，平均海拔在 150 米～180 米之间。

由于常年受来自大西洋的暖流影响，英国降水充沛。再有，英国河流众多：英格兰主要有泰晤士河、塞文河、默西河以及亨伯河；苏格兰主要有克莱德河、斯佩河和特威德河；威尔士的主要河流是迪河、泰威河及泰菲河；北爱尔兰的主要河流为班恩河、厄恩河以及福伊尔河。英格兰的塞文河长 354 公里，为英国第一长河，流域面积为 11 266 平方公里；泰晤士河全长 336 公里，流域面积达 12 935 平方公里。除了众多的河流之外，英国的湖泊也非常密集，尤以北苏格兰的高山地区和西北英格兰的湖区为甚。英国境内最大的淡水湖为内伊湖，面积达 390 平方公里，位于北爱尔兰。

伦敦塔桥和泰晤士河

夕阳下的泰晤士河

湖区风光

湖区风光

英国属于海洋性温带阔叶林气候。通常最高气温不超过 32℃，最低气温不低于 −10℃。英国降水量的地区分布很不平衡。北部和西部的年降水量超过 1 100 毫米，其中山区超过 2 000 毫米，中部低地为 700 毫米～850 毫米，东部、东南部只有 550 毫米。每年 2—3 月最为干燥，10 月至翌年 1 月最为湿润。

英国能源资源丰富，是世界上重要的石油、天然气和煤的生产国之一。20 世纪 60 年代，英国在北海相继发现大型油气田。根据北海沿岸国家签订的划分北海大陆架的协定，英国占有北海大陆架面积的 51%，其探明石油储量达 20 多亿吨，天然气 7 000 亿立方米。英国由此成为石油输出国组织（OPEC）国家之外的重要石油生产基地，北海油田早期生产的布伦特原油今天仍被视作石油定价的参考标准。1985年，北海原油产量达到顶峰，当年原油产量为1.276亿吨，天然气1 000余亿立方米。但进入21世纪以后，由于储量的消耗，产量呈下降趋势，2004年跌破1亿吨。英国的煤炭储量也相当丰富，根据1937年第17届国际地质年会提供的材料，英国的煤炭总量约在1 800亿吨以上，不过随着石油和天然气的大量使用，英国煤炭的产量和重要性均呈下降趋势。2006年英国工贸部发布的报告《能源挑战》表明，2006年英国剩余地下煤矿中深部煤储量估计为1.1亿吨，2010年为1亿吨，到2020年为0.7亿吨。

英国的铁矿主要分布在英格兰中北部，由于大规模开采，最有价值的铁矿储藏已接近枯竭。此外，英国还有丰富的锡矿以及盐类、钾碱等原料。

1.1.2 国家及人口

1.1.2.1 英国国旗、国徽和国歌

英国国旗也被我们称为“米字旗”，正式名称为“联合旗帜”（the Union Jack或the Union Flag），由深蓝、红、白三种颜色组成。旗帜由英格兰的白底红色正十字旗，苏格兰的蓝底白色交叉十字旗和爱尔兰的白底红色交叉十字旗合一而成，英国国旗上的三个十字分别代表英格兰守护神圣乔治、苏格兰守护神圣安德鲁以及爱尔兰守护神圣帕特里克（见图1－1）。

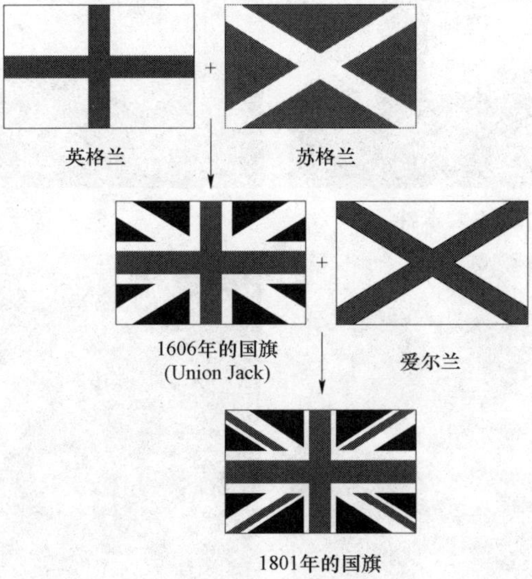

图1－1 英国国旗演变历程

英国国徽即英王徽。中心图案为一枚盾徽，盾面上左上角和右下角为红底上三只金狮，象征英格兰；右上角为金底上半站立的金狮，象征苏格兰；左下角为蓝底上金黄色竖琴，象征北爱尔兰。盾徽两侧各由一只头戴王冠，分别代表英格兰和苏格兰的狮子和独角兽守护。英国国歌原名为《神佑国王》，定于 1825 年，1837 年维多利亚女王即位，遂将“国王”改为“女王”，变成《神佑女王》。一般认为，这首歌的近代版本的曲调由英国音乐家亨利·凯里博士所作，但其词作者姓名不详。

1.1.2.2 英国行政划分

英国在行政上划分为英格兰、苏格兰、威尔士和北爱尔兰四个地区。其中，20 世纪 90 年代初，英国政府把英格兰划定了九个最高层级的地方行政区域，每个区域下辖一个或几个郡，这九个区域分别是大伦敦区、英格兰东南区、英格兰西南区、西米德兰兹区、英格兰西北区、英格兰东北区、约克郡－亨伯区、东米德兰兹区和英格兰东区，其首府为伦敦；苏格兰被划分为 32 个设有单一地方议会的行政区，首府位于爱丁堡；威尔士被划分为 22 个设单一地方议会的行政区，首府为卡迪夫；北爱尔兰被划分为 26 个设地方议会的行政区，首府为贝尔法斯特。

伦敦议会大厦和大本钟

爱丁堡卡尔顿山

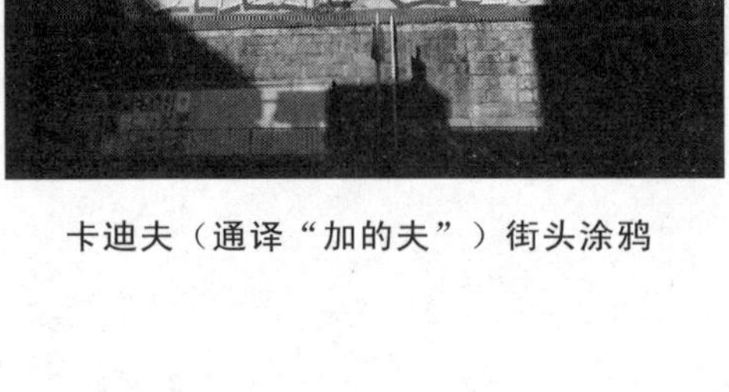

卡迪夫（通译“加的夫”）街头涂鸦

贝尔法斯特市政厅

1.1.2.3 英国人口

2016年，英国人口总数约为6 564.8万人，居世界第22位，在欧洲国家中居第四位，仅次于俄罗斯、德国和法国。2016年英国人口数量与增长状况见表1－1：

表1－1　2016年英国的人口数量与增长状况

	2016年人口	占全国的比重	一年的增长量	一年的增长率
英格兰	55 268 110	84.2%	481 800	0.9%
威尔士	3 113 200	4.7%	14 100	0.5%
苏格兰	5 404 700	8.2%	31 700	0.6%
北爱尔兰	1 862 100	2.8%	10 500	0.6%
联合王国	65 648 100	100%	538 100	0.8%

资料来源：英国政府网站

2005年年中至2016年年中这11年间，英国人口增加了500多万，相当于1970—2005年的增长量。英国人口有加速增长的趋势，不过英国人口增长的主要驱动力是国际净移民的增加且增长率不平衡。伦敦的增长率是威尔士、苏格兰、北爱尔兰和英格兰北部三个地区的两倍多。

在人口结构上，1984年英国有21%的人口处于0～15岁区间，有64%的人口处于16～64岁区间，65岁及以上的人口比例为15%。到2014年，英国0～15岁人口的比例下降两个百分点至19%，65岁及以上的人口比例上升三个百分点至18%，英国人口面临更加严峻的老龄化现象。表1－2为1984—2044年英国的人口结构比例的变动情况。

表1－2　1984—2044年英国人口结构比例变动情况

	0～15岁	16～64岁	65岁及以上
1984年	21%	64%	15%
1994年	21%	63%	16%
2004年	20%	65%	16%
2014年	19%	64%	18%
2024年*	19%	61%	20%
2034年*	18%	58%	24%
2044年*	17%	58%	25%

*预测数据

资料来源：英国政府网站

根据英国统计局的调查数据，2016 年 18.8%的英国人年龄在 0 到 15 岁之间，63.1%年龄在 16 岁到 64 岁之间，其余的 18.0%年龄在 65 岁以上，英国人口继续老龄化，年龄中位数为 40 岁。相对于英国的平均水平，北爱尔兰有更为年轻的年龄结构，16.0%的人口年龄在 65 岁以上，平均年龄为 38.3 岁。

1.1.3 英国历史沿革

1.1.3.1 青铜器时代

在不列颠群岛上很早就有人类活动。约公元前 30 世纪，伊比利亚人从欧洲大陆来到大不列颠岛东南部定居。约在公元前 2000 年，英国从新石器时代进入青铜器时代。在公元前 800 年至公元前 200 年之间，居住在欧洲西部的凯尔特人不断移入不列颠诸岛，其中有一支称为不列吞人，不列颠这一名称可能来源于此。约在公元前 200 年前后，比尔格部统一了凯特尔人各部落，成为不列颠全岛的主人。凯尔特人使得不列颠具备了现代文明的特点——铁器、货币、王国、祭祀和艺术。

1.1.3.2 罗马不列颠（公元前 45 年—公元 450 年）

公元前 55 年，罗马将军尤里乌斯·恺撒率领两个罗马军团入侵不列颠。由于遭到顽强抵抗，恺撒在一个月之内撤离。公元 43 年，罗马皇帝克劳狄一世再次入侵不列颠，开始了罗马对不列颠长达 400 年之久的统治，著名的哈德良城墙就是在罗马不列颠时期所建，以罗马皇帝哈德良的名字命名。

哈德良城墙遗址 1

哈德良城墙遗址 2

1.1.3.3 盎格鲁–撒克逊时代的英格兰（450 年—1066 年）

公元 5 世纪，罗马内乱，不列颠的罗马驻军撤离。大约 5 世纪中叶，盎格鲁–撒克逊人开始入侵不列颠。在盎格鲁–撒克逊人统治的时期发生了许多事情，如郡界的划定、城镇的选址、村庄的定名、基督教的普及，以及英语的出现等。此外，英国的君主制也是在这一时期确立并得以延续。1066 年，法国诺曼底公爵威廉率兵入侵英格兰并占领伦敦，撒克逊王朝自此覆灭。

1.1.3.4 诺曼征服后的英格兰

1066 年，由于英王爱德华去世后没有子嗣，威廉趁机入侵英格兰并实现了对英格兰的统治。这场入侵和征服加速了英格兰的封建化进程，使封建的生产方式在英国基本确立。至 1200 年前后，英国国王的权力不断扩大，英国的诸侯和骑士们要求以宪法的形式约束王权。在遭到拒绝后，1214 年，英国的诸侯和骑士武装进入伦敦，强迫英王在事先拟定好的条款上签字，并规定选出 25 名贵族组成的委员会监督条款的执行，这便是史称的英国《大宪章》。

14 至 15 世纪，英国与法国爆发了长达百余年的战争，史称英法百年战争（公元 1337—1453 年）。至 1453 年战争结束时，英国基本上丧失了在法国的全部领地。此后，1455—1485 年，英国进行了长达 30 年的内战，史称“玫瑰战争”。经历了长时间的动荡之后，英国社会各阶层需要建立一个统一而强大的政府，都铎王朝的封建专制制度应运而生。

都铎王朝时期是英国由封建主义向资本主义过渡的时期。发生在 15 世纪后期至 16 世纪初的圈地运动，被马克思称为“为资本主义生产方式奠立基础的变革的序幕”。都铎王朝的亨利八世和伊丽莎白一世年代，还是英国历史上重要的宗教改革时期。由于罗马天主教会不支持亨利八世的婚姻，亨利八世决定断绝与罗马教廷的一切联系；到伊丽莎白时代，除爱尔兰仍忠于罗马天主教会外，英格兰、苏格兰和威尔士都逐步摆脱了罗马天主教会的控制。

1.1.3.5 资产阶级革命

英国资产阶级革命又称清教徒革命，其间经历过两次内战和“光荣革命”，确立了英国资产阶级的统治地位。由于国王与议会的矛盾日渐不可调和，1642 年国王宣布武力讨伐议会，第一次内战由此爆发并以议会的胜利宣告结束。1648 年，王党分子企图东山再起，发动叛乱，但很快被议会军平定。国王查理一世被送上断头台，议会的下院成为英国的最高权力机关。之后，保王派复辟，查理二世和詹姆斯二世先后任英国国王，1688 年议会邀请詹姆斯二世的女婿威廉三世为英王，结束了詹姆斯二世的统治。次年，英国议会颁布《权利法案》，确立了英国君主立宪制政体。

1.1.3.6 工业革命与殖民扩张

英国资产阶级革命促进了英国资本主义的发展，圈地运动与黑奴贸易加速了资本的原始积累，生产领域发生细密的劳动分工，机器应用于生产成为可能。包括蒸汽机在内的一系列发明，使英国率先从传统的农业社会进入工业社会，成为世界上第一个工业大国。在英国的资本原始积累时期，英国便开始了对外殖民扩张。17 世纪初，英国最早在北美东岸开始殖民活动。到“一战”前夕，英国已经拥有 3 350 万平方公里的殖民地，相当于英国本土面积的 137 倍多。

1.1.3.7 两次世界大战与战后英国的发展

英国在“一战”中成为战胜国之一，但为此付出了高昂的代价。英国损失了三分之一的国民财富，纽约取代伦敦成为世界金融中心；英国的国际地位被美国赶超。在“二战”中的 1939 年 9 月 3 日，英国同法国在不得已的情况下对德宣战。英国对欧洲战场的反对德意法西斯作战作出了贡献，但同样付出了巨大的代价。“二战”结束后，美国和苏联的综合实力进一步上升，英国的国际地位继续削弱。为了恢复战后的重建，英国接受美国“马歇尔计划”的援助，经济发展开始步入正轨，建立并发展了较为完善的国民福利制度。

1.1.3.8 英国与欧盟

1973 年，英国加入欧共体，并成为日后欧盟的一员。但英国始终对欧盟的进一步联合存在戒心，而且英国一直没有加入欧元区。2010 年，保守党与自由民主党联合执政，对欧盟的立场趋于强硬。2013 年 1 月 23 日，时任首相卡梅伦在伦敦发表演说，提出保守党如果能够赢得 2015 年大选，将与欧盟进行谈判，并在 2017 年年底之前就英国是否退出欧盟举行全民公决。为兑现竞选承诺，英国于 2016 年 6 月 23 日举行全民公投，最终脱欧派胜出。英国脱欧公投的结果见表 1－3：

表 1－3　英国脱欧投票结果

项目	得票	百分比
脱欧	17 410 742	51.89
留欧	16 141 241	48.11
有效选票	33 551 983	99.92
无效或空白选票	25 359	0.08
总票数	33 577 342	100.00
注册选民	46 500 001	72.21

资料来源：英国统计局

1.2 英国政治经济概况

1.2.1 政治概况

1.2.1.1 宪法结构

英国从没有过一部成文的宪法。英国的宪法结构包括常规、大宪章、成文法、判例法以及习惯法等。

常规体现着英国宪法的根本原则，如议会的至尊、大臣对议会的负责制都是由常规所规定的。由于在实践中得到民众的承认和肯定，常规在英国被誉为“不成文宪法”的准则。

大宪章是英国宪法的第二个重要组成部分。作为近代资产阶级建立法治的重要依据之一，大宪章包含了宪法的基本原则，主要规定了国王和公民的基本权利。

成文法主要是指议会在各个时期通过的立法以及在母法下的附属法，主要涉及中央政府的构成和作用、法院的等级和地位、个人自由及权利的限制以及政府与个人关系等。

判例法主要是指法院，尤其是高等法院的一些判决和解释。

习惯法是所有规则和重要原则的集合，大多数是在立宪政治发展过程中形成的经法院承认的宪法性法律规则，如关于国王的“国王统而不治”“国王不能为非”、首相自行组阁等惯例。

1.2.1.2 政党

英国实行两党制。1679 年，议会围绕詹姆斯二世的王位继承问题产开了激烈争论，支持詹姆斯二世的一派被对方称为“辉格”，反对者被对方斥为“托利”。后来，两党分别以此自称，形成了辉格党和托利党两个相对稳定的政治派别。此后，经过多次分化与改组，在原托利党的基础上形成了英国现在的保守党，在原辉格党的基础上组成了自由党，19 世纪末 20 世纪初，自由党衰落，工党崛起并成为英国议会的第二大党。除了保守党和工党外，英国还有自由民主党、英国独立党、苏格兰民族党、威尔士民族党、社会民主党、新芬党等。

目前，保守党是英国的执政党，其主要的政策包括：努力推动英国脱欧，离开欧盟单一市场和关税同盟，并在未来和欧盟达成自由贸易和关税协议；在 2020

年前将免税收入津贴提高到 1.25 万英镑；减少控制移民人数至十万以下；支持在英国境内开发页岩气。

工党是英国现时最大的反对党，其主要政策包括：接受脱欧公投结果，不过不同意特雷莎·梅的谈判策略，希望能够继续保持单一市场和关税联盟的成员国身份；提高高收入者的收入税；提高雇员待遇，减少贫富差距；在未来 5 年内增加国家卫生服务、建筑和信息技术方面的支出。

1.2.1.3 选举制度

英国《人民代表选举法》规定，凡进行过选民登记的年满 18 岁的英国公民（被法律剥夺选举权的除外），依法均享有选举权。值得注意的是，英国选举法规定：居住在英国的外籍人不拥有选举权，但英联邦成员国和爱尔兰共和国不在此限制之列。同时，英国选举法规定，凡年满 21 周岁，没有受到法律限制资格的英国公民、其他英联邦国家公民以及爱尔兰共和国公民，都可以经过选举成为英国下议院的议员。英国目前实行的是直接选举制，即由选民直接选举议员，这种选举制度透明度较高，而且可以使选民的意志直接反映在最高权力机构的产生过程中。

英国的选举程序大致分为选民登记、候选人提名、竞选、投票和计票五个环节。在计票方法上，英国目前实行的是绝对多数代表制。得到选区总选票的超过总选区的半数的候选人即当选，如果没有政党获得超过半数的议席，可以组成联合政府或重新举行大选。英国下议院作为英国权利的中心，共有 650 个席位。根据 2017 年英国提前大选的选举结果，保守党获得多数席位，但并未超过半数（316 席），于是和民主统一党（10 席）联合组阁；工党共获得 650 个席位中的 259 席，成为议会中最大的在野党。

1.2.1.4 主要国家和政府机构

（1）国家元首

1952 年，伊丽莎白二世女王登基，成为英国的国家元首，同时，伊丽莎白二世还是加拿大、澳大利亚、新西兰等英联邦国家的元首。英国国王并非由民众选举产生，而是通过世袭的方式继承王位。英国女王在名义上是英国的三军统帅，对外代表国家，但在政治生活中，英国女王主要以代表性和礼节上的职责为主。英国王位的继承原则为长子继承制。

（2）英国首相和政府

英国首相是英国的政府首脑，是代表英国王室和民众执掌国家行政权力的最高官员。一般情况下，国会下议院的多数党党魁或执政联盟的首领自动成为首相人选，人选经国王任命后正式成为首相。英国首相拥有对重大内政、外交事务的决策权，掌握重大的人事任命、内阁改组、国家预算控制，以及解散议会提前大选等权力。除特殊情况外，首相任期一般为 5 年。英国政治体制结构见图 1－2：

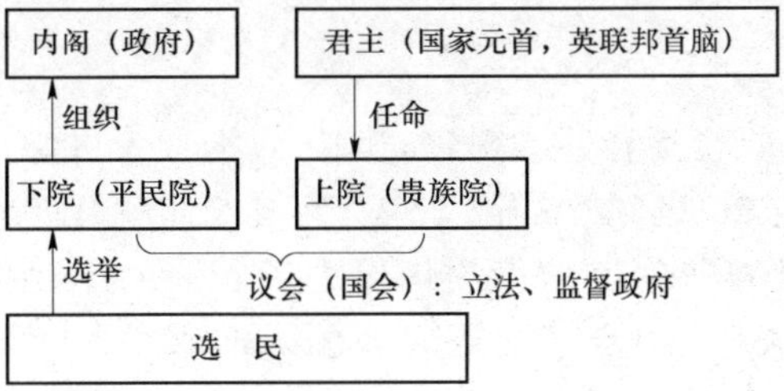

图 1－2　英国政治体制

二战结束以后，担任英国首相时间最长的是保守党的玛格丽特·撒切尔夫人。1979—1990 年，撒切尔夫人连续执政三届。撒切尔夫人在任期内极力主张进行自由化改革，缩小政府的干预范围，大力削减政府开支，推行私有化。其一系列方针政策被人们统称为“撒切尔主义”，撒切尔也因其强势的作风被冠以“铁娘子”的称号。2016 年 7 月，保守党党魁特蕾莎·梅上台执政，成为英国历史上第二位女性首相。现任首相为鲍里斯·约翰逊。

（3）英国上议院

英国上议院是历史的产物，它并不是由开国元勋或依据基本法创建，而是在英国历史中发展变化的。英国上议院议员包括王室后裔、世袭贵族、终身贵族、上诉法院法官和教会大主教及主教，其中教会的大主教和主教被称为“灵职议员”，王室后裔、世袭贵族、终身贵族、上诉法院法官被称为“俗职议员”。上议院的权力主要有立法审查和修正，延搁立法，非党派立场的立法动议、审议、监督以及司法等功能。上议院缺乏像下议院那样的民主合法性，但具有专业性和权威性，能够在改善和提升整个议会工作方面发挥政治影响力，为议会的运转和英国的政治制度作出重要贡献。

（4）司法机构

英国目前有三种不同的法律体系：英格兰和威尔士实行普通法系，苏格兰实行民法法系，亦即大陆法系，北爱尔兰实行与英格兰相似的法律制度。司法机构分民事法庭和刑事法庭两个系统。在英格兰和威尔士，民事审理机构按级分为郡法院、高等法院、上诉法院民事庭、最高法院。刑事审理机构按级分为地方法院、刑事法院、上诉法院刑事庭、最高法院。最高法院是英国所有民事案件的最终上诉机关，也是英格兰、威尔士和北爱尔兰所有刑事案件的最终上诉机关。苏格兰高等法院是苏格兰所有刑事案件的最终上诉机关。

1.2.2 经济概况

1.2.2.1 农业

英国农牧渔业主要包括畜牧、粮食、园艺、渔业，可满足国内食品需求总量的近三分之二。早在 20 世纪 70 年代初，英国农业就开始走上企业化的道路，农业企业的兴起以及农业生产的集约化促进了农业的工业化，而大量的工业化先进设备的运用又进一步提高了英国农业的生产水平。不过，尽管英国拥有先进的农业生产体系，但其农业产值在国民经济中的比例却非常低。英国农业在英国国内生产总值中所占的比重不到 1%，从业人数约 45 万，不到总就业人数的 2%，低于欧盟国家 5%的平均水平，也低于其他主要工业国家，而且英国农业从业人口的年龄结构偏高，英国农场经营者的平均年龄为 59 岁。英国农用土地占国土面积的 70%，其中多数为草场和牧场，仅四分之一用于耕种。农业人口人均拥有 70 公顷土地，是欧盟平均水平的四倍。此外，英国还是欧洲国家中最大的捕鱼国之一，可以满足国内三分之二的需求量。根据 2012 年联合国粮农组织公布的数据，英国产量最高的前 20 种农产品有牛奶、牛肉、鸡肉、猪肉、小麦、羊肉、马铃薯、油菜籽、鸡蛋、甜菜、火鸡肉、大麦、萝卜、蘑菇、羊毛、草莓、苹果、洋葱、生菜和鸭肉。

英国畜牧业发达

1.2.2.2 工业

英国是世界上最早的工业化国家，工业化的深入发展为英国社会的繁荣提供了重要支撑。英国目前的主要工业有采矿、冶金、化工、机械、电子、电子仪器、汽车、航空、食品、饮料、烟草、轻纺、造纸、印刷、出版、建筑等。生物制药、航空和国防是英国工业研发的重点，也是英国最具创新力和竞争力的行业。目前，英国工业产值约占国内生产总值的23%。同许多发达国家一样，随着服务业的不断发展，制造业自20世纪80年代开始萎缩，20世纪80年代和90年代初两次经济衰退加剧了这一态势。英国制造业中电子和光学设备、人造纤维和化工产品，特别是制药行业仍保持雄厚的实力。根据英国统计局公布的数据，2016年英国制造商的销售额约占欧盟总销售额的8.8%，是仅次于德国、意大利和法国的第四大生产商。2016年英国制造商产品销售的价值为3 647亿英镑，比2015年的3 581亿英镑增加1.8%。2015年至2016年期间，汽车、拖车和半挂车的制造业增长幅度最大，为62亿英镑。在建筑行业，自2008年以来，其产值基本保持稳定的上升态势。2017年第四季度，英国建筑业订单总额到达551.3亿英镑，是2008年以来的最高值。

1.2.2.3 服务业

服务业包括金融保险、零售、旅游和商业服务等，是英国经济的支柱产业，产值约占国内生产总值的四分之三。1986年，英国实行金融改革，开放金融市场，其改革后的开放竞争环境和良好的监管吸引了世界各地的投资者和公司来到英国，使金融业迅速发展。英国首都伦敦与美国纽约和日本东京一道，成为世界最著名金融中心。伦敦拥有现代化金融服务体系，从事跨国银行借贷、国际债券发行、基金投资等业务，同时也是世界最大的外汇交易市场、最大的保险市场、最大的黄金现货交易市场、最大的衍生品交易市场、全球第三大保险市场、重要船贷市场和非贵重金属交易中心，并拥有数量最多的外国银行分支机构或办事处。伦敦金融城从业者近40万人，共有550多家跨国银行、170多家国际证券公司在伦敦设立了分支机构或办事处。英国旅游业是英国最重要的经济部门之一，从业人员约270万，占就业人口的9.1%。伦敦是外国游客必到之处，且旅馆众多，但旅馆房间多为豪华型，经济型房间较为紧缺；餐馆在数量和风味上与之前相比都有很大增加，可满足不同口味的需求。英国主要旅游地区有伦敦、爱丁堡、卡迪夫（加的夫）、布赖顿、牛津和剑桥等；主要观光景点有歌剧院、博物馆、美术馆、古建筑物、主题公园和商店等。

大英博物馆外观

大英博物馆内景

国家美术馆

特拉法加广场露天演出

剑桥风光

玛莎百货诞生地

温莎城堡和皇家卫兵

英国的乡村

1.2.2.4 交通运输业

英国交通基础设施较齐全。陆路、铁路、水路、航空运输均较发达。伦敦有十分发达的地铁网。1994 年英法海底隧道贯通，将英国与欧洲大陆的铁路系统连接起来。近年来，英国交通运输情况如下：

（1）铁路：英国铁路总长达 1.66 万公里，电气化率为 33%。日均发送旅客 300 万人次，货物周转量 6 000 万吨。全国铁路和伦敦地铁分别承担铁路系统运输量的 49%和 44%，其余由轻轨承担。

（2）公路：英国公路总长达 39.4 万公里，其中 3 540 公里为高速公路，承担着 19.8%的交通量；3.08 万公里为 A 级公路，承担 44.3%的交通量。截至 2013 年年底，注册的机动车辆总数为 3 500 万辆，新增机动车 272 万辆。

（3）水运：英国国内河航道共 3 200 公里，其中 620 公里用于货运。泰晤士河是最繁忙的内陆水运河，其次为福斯河。海运承担 95%的对外贸易运输。英国大小港口众多，其中 100 个为重要商业港口，有 52 个港口年吞吐量在 100 万吨以上。吞吐量超过 1 000 万吨的港口有格里姆斯比－因明翰、伦敦、蒂斯－哈特浦尔、福斯、米尔福德－黑文、南安普顿、利物浦、萨仑沃、菲利克斯托、多佛等。通过发展航运金融和海事服务，英国保持了全球航运定价中心和管理中心的地位。伦敦是国际海事组织、国际海运联合会等国际航运机构总部所在地。

（4）空运：英国所有的航空公司和大多数机场均为私营企业。目前，英国共有 50 多家航空公司。英国航空公司（British Airways）是世界最大的航空公司之一，拥有 300 多架飞机，其航线覆盖 90 多个国家和地区的约 220 座城市。英国共有 462 家机场，其中 35 个机场年客流量在 10 万人次以上。英国最大机场伦敦希思罗机场是世界最大最繁忙的机场之一，客流量达 6 590 万人次；盖特威克机场是英国第二大机场，客流量达 3 300 万人次。①

1.2.3 政府宏观调控

英国是世界上最早建立市场经济的国家之一，它是一个传统性的市场经济体系，在经济的发展中主要依靠的是市场的作用，政府宏观调控的力度较低。但为了防止市场经济的弊端，更好地实现经济的适度增长、物价稳定、充分就业以及对外收支平衡的四大目标，政府对国民经济进行适度的调节和干预。

英国政府对经济的宏观调控主要表现在提供公共服务的商品、制定有利于全

① 中国外交部网站（http://www.fmprc.gov.cn/web/）：http://www.fmprc.gov.cn/web/gjhdq_676201/gj_676203/oz_678770/1206_679906/1206x0_679908/ 访问时间 2018 年 4 月 11 日

社会的政策决定以及对市场进行规范化监管等领域。在公共服务商品的提供方面，政府在教育和医疗卫生设施的提供方面发挥着主要作用；在制定社会政策方面，政府承担着维持治安、制定对外政策、制定安全生产标准的职能；在对市场进行规范化监管中，政府宏观调控的表现尤为明显。

英国政府对市场的监管主要表现为一些重要的管制机构的存在及其职能的发挥。这些机构主要有审计署、竞争委员会、金融服务局、食品质量监督局、健康与安全执行局、国家审计办公室、公平交易办公室等。其中，审计署主要承担审计地方政府和卫生部门的职能；竞争委员会主要在私人部门之间鼓励竞争，有权宣布市场中的兼并行为是否符合公众利益；金融服务局则主要承担管制银行、保险公司、证券公司等职能；食品质量监督局是英国食品生产与销售的独立管制机构；健康与安全执行局负责全盘的健康与安全事宜；国家审计办公室负责对中央政府进行审计；公平交易办公室则以保护消费者利益为主要目标，对市场进行监管。

在金融监管领域，英国政府经历了由宽松放任到严格管理的过程。20 世纪 70 年代以前，英国的金融监管以金融机构的自律管理为主、英格兰银行监管为辅，其监管主要依靠监管者与被监管者之间的信任与合作，后来由于这种放任式的监管模式不断暴露出问题，英国政府先后出台《1979 年银行法》和 1986 年的《金融服务法》，对金融业进行规范化和法制化监管。2000 年，英国政府通过《2000 年金融市场与服务法案》，从法律上进一步明确了金融服务局与被监管者的责任、权利和义务，统一了监管标准，规范了金融市场的运作并实现了英国金融监管的统一。

1.2.4 经济发展现状

1.2.4.1 经济总体实力

受全球金融危机和欧洲债务危机冲击，英国经济在 2008—2009 年连续两年衰退。其中，2008 年英国经济下滑 0.6%；2009 年英国经济一度下滑 4.3%，为二战以来的最大跌幅。但自 2010 年恢复正增长以来，英国经济持续复苏，表 1－4 为 2010—2014 年英国主要经济指标的变动状况。

表 1－4　　2010—2014 年英国部分经济指标变动状况

指数	2010 年	2011 年	2012 年	2013 年	2014 年
人均国民收入年增长率（%）	0.44	0.8	－1.53	0.32	7.36
家庭消费年增长率（%）	0.59	－0.29	0.79	1.99	1.97
按 CPI 计通胀增长率（%）	3.29	4.48	2.82	2.55	1.46

续表

指数	2010 年	2011 年	2012 年	2013 年	2014 年
家庭最终消费支出（美元）	1.44 万亿	1.57 万亿	1.60 万亿	1.66 万亿	1.89 万亿
国内总储蓄（美元）	2 907.2 亿	3 182.5 亿	2 956.2 亿	3 236.6 亿	4 679.1 亿
国民总收入（美元）	2.26 万亿	2.46 万亿	2.43 万亿	2.49 万亿	2.88 万亿

数据来源：世界经济网

2014 年，英国经济增长 3.1%，GDP 总额首次超过法国成为欧洲第二大经济体。2015 年，英国的 GDP 总额为 25 757.2 亿欧元，比法国高出 3 946.6 亿欧元，继续保持欧洲第二大经济体的地位。与此同时，英国 2015 年人均 GDP 为 39 600 欧元，高于德国的 37 100 欧元和法国的 32 800 欧元。根据联合国的统计数据，2016 年英国 GDP 总量为 2.65 万亿美元，是欧洲第二、世界第五大经济强国（见图 1－3）：

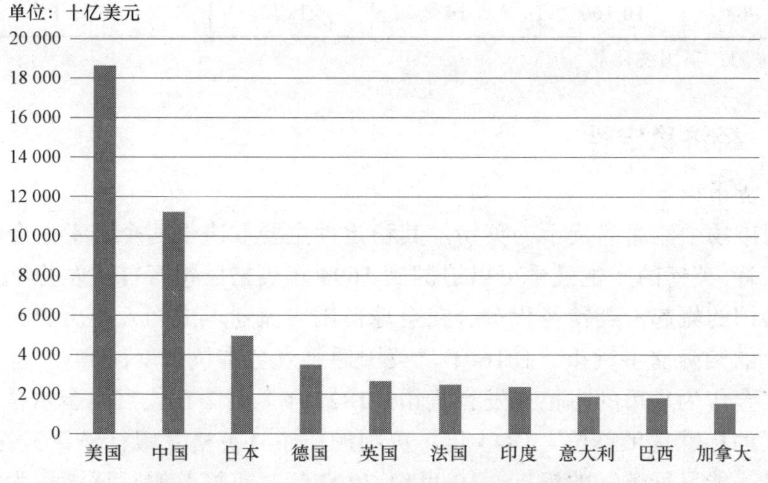

图 1－3　2016 年 GDP 总量排名前十的国家

资料来源：联合国官方网站

就业市场的数据也反映了英国经济的复苏态势，以 2016 年 3—5 月为例，相对于 2015 年 12 月—2016 年 2 月，英国就业率提升了 0.3 个百分点，相对于 2015 年 3—5 月，就业率提升了 1 个百分点，而失业率以及非经济活动人口的比例均出现了不同程度的下降（见表 1－5）。

表 1-5　　2016 年 3—5 月英国劳动力市场调查

	2016 年 3—5 月人数（千人）	相对于 2015 年 12 月至次年 2 月变化数	相对于 2015 年 3—5 月变化数	相对于 2015 年 12 月至次年 2 月变化率	相对于 2015 年 3—5 月变化率
就业人数	31 705	176	624		
16～64 岁	30 498	141	549	0.30%	1.00%
65 岁及以上	1 206	35	76		
失业人数	1 646	-54	-201		
16～64 岁	1 623	-57	-204	-0.20%	-0.70%
65 岁及以上	22	3	3		
非经济活动人口	19 033	-32	-53		
16～64 岁	8 874	-46	-181	-0.10%	-0.50%
65 岁及以上	10 160	14	127		

资料来源：英国统计局

1.2.4.2　经济稳定性

（1）货币稳定

英国市场中流通的货币为英镑，其稳定性主要取决于两个因素：金本位制和英格兰银行。英镑的产生最早可以追溯到 1694 年英格兰银行首次发行纸币。后来，随着英帝国的崛起，英镑替代黄金在全球范围内流通，成为人类历史上第一个现代意义上的国际储备货币。1816 年，英国通过《金本位制度法案》，从法律的形式承认黄金作为货币的本位来发行货币。1821 年，英国正式启用金本位制，英镑成为英国的标准货币单位。1844 年，英国颁布了《英格兰银行条例》，英格兰银行成为唯一能发行英镑的银行。19 世纪 70 年代，英格兰银行逐渐作为英国的中央银行而发挥作用，有效地维护了英镑的坚挺与稳定，英镑成为世界货币。然而，两次世界大战从根本上破坏了金本位制并改变了全球的力量格局。随着布雷顿森林体系的确立，美元取代英镑成为新的世界货币，英镑逐步贬值。1948 年，英镑兑美元的比例大概为 1:4.03。1949 年，英镑贬值 30.5%，英镑兑美元的汇率变为 1:3.69。1967 年，英镑再次贬值 14.3%。1972 年，英镑开始实行浮动汇率制。2016 年的英国脱欧公投更是使英镑跌至近 30 年的最低点，英镑兑美元的比率一度跌破

1:1.3。2019年英镑兑美元的比率大概在1英镑兑换1.2美元至1.35美元之间波动。

旧版5镑纸币

（2）金融稳定

英国金融系统体量巨大，2014年规模达到20万亿英镑，为当年英国GDP的12倍。银行业是英国金融系统的最主要组成部分，约占金融系统总规模的60%，且前四大银行集中度较高。1997年，英国开始实施统一的金融监管，设立了单一独立的金融监管机构——英国金融监管局（FSA）；随后，英国议会又通过了相关法律——《2000年金融服务和市场法》。至此，英国金融统一监管体系正式形成。2013年，英国再次对金融监管体系进行了重大改革，废除FSA，设立了审慎监管局（PRA）和金融行为监管局（FCA），形成“双峰监管”模式，以期更好地实现金融稳定。然而，近期的英国脱欧再次为英国的金融稳定带来挑战。根据2016年7月5日英国央行发布的半年度金融稳定报告，英国正面临着多重风险，包括巨额经常项目赤字、家庭高负债、脆弱的金融市场以及低迷的全球经济增长，为此英国央行决定降低对商业银行的资本金要求，以鼓励银行向企业或家庭放贷，从而刺激经济增长。但总体而言，由于英国脱欧的具体方式不甚明朗，英国的金融稳定性风险存在隐忧。

（3）贸易稳定

英国在全球贸易市场中占有重要的地位。英国基础设施完善，政府配套服务措施到位，鼓励自由贸易，重视引进新技术、新产品和新的管理方法，以增加出口，增加就业。英国与世界80多个国家和地区有贸易关系，主要贸易对象是欧盟、美国、中国和日本。脱欧公投后，英国将更加重视拓展与欧盟以外国家的经贸关系，在政府增设国际贸易部。根据世界贸易组织2016年的统计数据，英国是全球第四大商品贸易进口国，仅次于美国、中国和德国。同时，英国还是世界第二大服务贸易出口国和世界第五大服务贸易进口国。2017年，英国货物进出口总额为8 433亿英镑。其中，出口3 453亿英镑，进口4 980亿英镑。近年来，英国前五个最大出口市场为美国、德国、荷兰、法国、爱尔兰，前五个最大进口来源地为德国、中国、荷兰、美国、法国。主要进口产品有食品、燃料、原材料、服装、鞋业、电子机械设备、汽车等。主要出口产品有石油及相关产品、化工产品（包括医药制品）、烟草、饮料、机械设备等。英国的主要贸易伙伴及进出口贸易结构均保持稳定。

（4）物价稳定

作为衡量通货膨胀的重要指标，CPI 对物价的稳定性具有重要的参考价值。从英国近二十年来的 CPI 指数来看，英国物价水平持续增长，但增长幅度基本保持稳定。表 1－6 为 1997—2015 年英国 CPI 的具体数值。

表 1－6　　1997—2015 年英国每月 CPI 数值

年份	CPI	1月	2月	3月	4月	5月	6月	7月	8月	9月	10月	11月	12月
1997	1.8	2.1	1.9	1.7	1.6	1.6	1.7	2.0	2.0	1.8	1.9	1.9	1.7
1998	1.6	1.5	1.6	1.7	1.8	2.0	1.7	1.4	1.3	1.4	1.4	1.4	1.6
1999	1.3	1.6	1.4	1.7	1.5	1.3	1.3	1.3	1.2	1.2	1.1	1.2	1.1
2000	0.8	0.8	0.9	0.6	0.6	0.5	0.8	0.9	0.6	1.0	1.0	1.1	0.8
2001	1.2	0.9	0.8	0.9	1.2	1.7	1.7	1.4	1.8	1.3	1.2	0.8	1.1
2002	1.3	1.6	1.5	1.5	1.4	0.8	0.6	1.1	1.0	1.0	1.4	1.5	1.7
2003	1.4	1.3	1.6	1.5	1.4	1.3	1.1	1.3	1.4	1.4	1.4	1.3	1.3
2004	1.3	1.4	1.3	1.1	1.1	1.5	1.6	1.4	1.3	1.1	1.2	1.5	1.7
2005	2.1	1.6	1.7	1.9	1.9	1.9	2.0	2.3	2.4	2.5	2.3	2.1	1.9
2006	2.3	1.9	2.0	1.8	2.0	2.2	2.5	2.4	2.5	2.4	2.4	2.7	3.0
2007	2.3	2.7	2.8	3.1	2.8	2.5	2.4	1.9	1.8	1.8	2.1	2.1	2.1
2008	3.6	2.2	2.5	2.5	3.0	3.3	3.8	4.4	4.7	5.2	4.5	4.1	3.1
2009	2.2	3.0	3.2	2.9	2.3	2.2	1.8	1.8	1.6	1.1	1.5	1.9	2.9
2010	3.3	3.5	3.0	3.4	3.7	3.4	3.2	3.1	3.1	3.1	3.2	3.3	3.7
2011	4.5	4.0	4.4	4.0	4.5	4.5	4.2	4.4	4.5	5.2	5.0	4.8	4.2
2012	2.8	3.6	3.4	3.5	3.0	2.8	2.4	2.6	2.5	2.2	2.7	2.7	2.7
2013	2.6	2.7	2.8	2.8	2.4	2.7	2.9	2.8	2.7	2.7	2.2	2.1	2.0
2014	1.5	1.9	1.7	1.6	1.8	1.5	1.9	1.6	1.5	1.2	1.3	1.0	0.5
2015	–	0.3	–	–	−0.1	0.1	–	0.1	–	−0.1	−0.1	0.1	0.2

资料来源：英国统计局

（5）能源稳定

英国是欧洲能源资源最为丰富的国家之一，主要的矿产资源有煤、铁、石油、核能和天然气。硬煤总储量 1 700 亿吨。铁的蕴藏量约为 38 亿吨。西南部康沃尔半岛有锡矿。在柴郡和达腊姆蕴藏着大量石盐。斯塔福德郡有优质黏土。康沃尔半岛出产白黏土。奔宁山脉东坡可开采白云石。兰开夏西南部施尔德利丘陵附近蕴藏有石英矿。在英国北海大陆架，石油蕴藏量约在 10 亿～40 亿吨之间。天然气蕴藏量约在 8 600 亿～25 850 亿立方米。英国丰富的能源资源使其相对于其他大部分欧洲国家，拥有更为稳定的能源供应。2011 年，英国森林覆盖面积为 308 万公顷，占本土面积 12.6%。英国现有 10 座核电站，其 2008 年发电量占英国总发电量的 13%；但是，到 2025 年，其中 9 座核电站将达到使用年限而停止运营。目前，英国政府已确定 10 个适合建设新一代核电站的地址。第一座核电站已于 2018 年投产，其余 9 座核电站将在 2025 年之前陆续完工，届时英国 40%的电力供应将来自核能。近年来，政府强调要提高能源利用效率，发展核能和可再生能源，减少对传统矿物燃料的依赖，建设“低碳经济”，从而降低对能源资源的依赖，对英国的能源稳定起到了积极作用。

1.2.5 市场环境

1.2.5.1 英国对市场竞争的保护

自由竞争作为现代市场经济的重要特征，受到英国政府的高度重视。为了规范市场秩序，防止不正当竞争，英国政府建立了较为完整的反垄断与反不正当竞争的监管机构。根据 1998 年英国《竞争法》和 2002 年的英国《企业法》，英国反垄断和反不正当竞争的监管体系由竞争和市场管理局（Competition and Markets Authority）、竞争上诉法庭、国务大臣以及行业监管机构等机构组成。

2014 年 4 月，英国公平交易局和竞争委员会合并，组成竞争和市场管理局。竞争和市场管理局致力于促进在英国内外的消费者利益的竞争。其目标是保障市场和经济运转良好。英国竞争和市场管理局的主要职责有：调查可能限制竞争的合并，在存在竞争和消费者问题的市场进行市场调查，调查英国或欧盟可能违反反竞争协议和滥用主导地位的行为，对犯有违反竞争法律罪行的个人提起刑事诉讼，加强消费者保护立法，与行业监管机构合作，鼓励其使用自己的竞争能力等。

竞争上诉法庭是英国政府根据 1998 年的《竞争法》设立的，并在 2002 年成为一个独立的审判机构来处理竞争法律事务。消费者团体可以就违反竞争法的行为向竞争上诉法庭提起诉讼。民事法庭在审理案件时，如果遇到需要对是否有违反竞争法的行为作出决定的情况，也应该将问题移交竞争上诉法庭，由上诉法庭进行裁决，竞争上诉法庭的决定对民事法庭具有约束力。

国务大臣执行竞争法的职能原本十分广泛。但随着英国市场经济的发展以及管理体制的完善，国务大臣在执行竞争法的职权上受到越来越多的限制。目前，只有市场竞争中涉及特别的公共利益问题时，国务大臣才可以参与决定。

行业竞争机构属于英国竞争法执行机构的有机组成部分，主要为监管私有化以后的公用行业而设立，如设立通信管理局管理通信行业，设立供水总局监管自来水行业，设立铁路管制局监管铁路服务等。这些行业监管机构对所在行业实施监管的基本法源也是《竞争法》。

1.2.5.2 英国对中小企业的保护

在英国，雇工为 0～49 人的企业为小企业，雇工为 50～249 人的企业为中型企业。长期以来，英国一直高度重视中小企业的发展。在英国私营经济部门中，中小企业提供就业岗位和创造营业额都占据了半壁江山。截至 2008 年年底，英国私营企业部门中的小企业数量占比 99.3%，雇工人数占比 48.2%，全年营业额占比 35.7%；中型企业数量占比 0.6%，雇工人数占比 11.5%，全年营业额占比 13.3%；大型企业数量占比仅为 0.1%，雇工人数占比 40.2%，全年营业额占比 51.0%。

2008 年爆发的西方金融危机，特别是美国的金融危机以及随之而来的经济衰退，导致全球经济增长速度减缓，银行信贷大幅收缩，给严重依赖信贷的中小企业带来沉重的打击。其他外部困境，诸如赋税过重、行政管理低效繁杂、招收员工困难，都制约了中小企业的发展。

为了保护中小企业，突破中小企业发展的瓶颈。英国主要采取了六大措施促进中小企业的发展：一是设立专门机构管理和扶持中小企业，由商业、创新和技能部具体负责协调政府部门间的中小企业政策；二是制定颁布法律，保护中小企业利益；三是资助中小企业吸纳就业，对中小企业吸纳就业给予奖励；四是鼓励人们到落后地区发展中小企业，对落后地区的中小企业提供补贴及免税优惠；五是帮助中小企业提高市场竞争力，减轻税收负担，加强职工培训；六是帮助中小企业解决融资难的问题，中小企业通过政府担保可以从银行获得低于金融市场利率的长期贷款，差额由政府补贴。①

---

① 中华人民共和国商务业流通发展司（http://ltfzs.mofcom.gov.cn/）：http://ltfzs.mofcom.gov.cn/article/jingmaoxinxi/zaixrh/201209/20120908359543.shtml 访问时间 2018 年 4 月 12 日

1.2.6 人民生活

1.2.6.1 英国物价指数

英国统计局于 2017 年 3 月起把居民消费价格指数（包括业主自住房屋成本）（Consumer Prices Index including Owner Occupies' Housing Costs，CPIH）作为优先通胀指标，与消费者物价指数（Cosumer Prices Index，CPI）不同的是，CPIH 在原先 CPI 的基础上加入了业主居住者的住房成本。从住房的成本看，英国不同地区的房价水平和增幅在不同地区表现出较大差异，2016 年 4 月，英国全国每户住房的均价为 20.9 万英镑，同比增长 8.2%，其中英格兰的增幅为 9.1%，北爱尔兰、苏格兰和威尔士的增幅分别为 5.9%，3.3%和 1.7%。从 CPI 和 CPIH 的整体数值来看，2000 年至 2017 年，英国的物价水平大多处于温和型的通胀区间，物价水平稳定性强。表 1－7 为 2000 至 2017 年英国 CPI 及 CPIH 的变动情况。

表 1－7　2000—2017 年英国 CPI 及 CPIH 的变动情况

年份	CPI	CPIH	年份	CPI	CPIH
2000	0.8	—	2009	2.2	2
2001	1.2	—	2010	3.3	2.5
2002	1.3	—	2011	4.5	3.8
2003	1.4	—	2012	2.8	2.6
2004	1.3	—	2013	2.6	2.3
2005	2.1	—	2014	1.5	1.5
2006	2.3	—	2015	0	0.4
2007	2.3	2.4	2016	0.7	1
2008	3.6	3.5	2017	2.6	2.6

资料来源：英国统计局

1.2.6.2 英国消费支出

作为拉动经济的“三驾马车”之一，家庭消费对促进英国国内生产总值（GDP）的增长起着重要作用。家庭最终消费支出（HFCE）通常涵盖传统的消费者在商品和服务上的支出，以满足日常需求。2015 年，英国家庭消费增长 2.8%，对经济增长贡献 1.7 个百分点，成为拉动经济增长的主要力量，对英国经济增长的贡献率超过 70%。根据英国统计局最新的统计数据：2017 年，英国平均每周家庭支出上升至 554.20 英镑，英国家庭平均每周在运输上花费 79.70 英镑，与前一年相比增加 5.4 英镑，使得交通成为英国家庭消费中最高的支出类别。文化和娱乐项目仅次于交通，列第二位。住房在英国居民消费中居第三位。表 1－8 为 2002—2007 年英国平均每周家庭消费状况。

表 1－8　　2002—2017 年英国家庭平均每周消费状况　　单位：英镑

年份	交通	文化和娱乐	住房	其他消费	食物和非酒精饮料	餐厅和住宿	杂项商品和服务	家用商品和服务	服装和鞋类	通信	酒精、烟草	健康	教育
2002	88.0	54.4	64.1	76.7	59.0	52.3	42.9	36.3	15.6	12.0	19.9	6.8	17.9
2003	88.6	55.9	64.3	73.2	60.5	53.7	45.2	36.1	16.3	12.2	19.6	7.0	15.8
2004	88.3	57.6	66.7	74.8	60.5	51.3	44.6	37.5	17.2	12.8	19.0	7.1	14.9
2005	83.7	60.0	66.2	77.0	61.9	51.5	44.4	38.0	19.0	13.6	18.7	6.9	17.7
2006	80.5	59.9	67.9	76.8	61.7	50.7	42.2	36.2	19.8	13.7	17.5	7.7	17.0
2007	79.3	60.2	70.5	72.5	61.4	48.5	40.9	36.5	19.8	14.5	17.1	7.3	14.6
2008	77.2	63.4	66.5	75.9	59.3	47.3	40.1	35.1	20.7	15.0	15.9	6.4	11.9
2009	70.5	60.4	68.9	78.4	57.9	47.0	38.7	31.5	21.8	14.5	15.8	6.4	12.5
2010	72.3	59.5	72.3	72.2	57.1	46.8	38.7	34.4	24.6	15.4	15.8	5.9	17.0
2011	68.0	65.4	71.9	72.8	55.8	45.2	40.6	28.5	22.3	15.1	14.7	7.5	11.3
2012	64.8	62.8	73.5	70.1	56.0	44.8	39.6	29.0	23.9	15.1	14.6	7.0	10.0
2013	70.5	64.6	77.3	73.6	55.9	43.5	40.0	33.5	22.8	15.3	13.1	6.7	11.1
2014	74.6	68.9	73.3	70.0	55.9	44.7	40.8	35.5	23.9	16.2	12.8	7.4	11.2
2015	73.6	69.5	73.3	66.8	55.9	44.5	41.3	36.7	23.7	16.2	12.4	7.3	10.1
2016	74.3	68.5	72.7	73.3	55.9	46.4	40.2	35.5	23.5	16.4	11.6	7.4	7.4
2017	79.7	73.5	72.6	72.	58.0	50.1	41.8	39.3	25.1	17.2	11.9	7.3	5.7

资料来源：英国统计局

1.2.7　社会福利保障

英国的社会福利保障制度对缩小贫富差距、缓解社会矛盾、促进社会和谐与稳定有着不可或缺的作用。英国传统福利制度的显著特征就是全民保障和全面保障。国民从出生到死亡都会与本国的福利制度发生或多或少的联系；政府也自始至终都要维持这一套复杂而又完备的福利制度。在英国建设福利国家的过程之中，有两个文件起到了至关重要的作用。一个是1942年的《贝弗里奇报告》，另一个是1944年的《就业政策白皮书》。其中《贝弗里奇报告》致力于采用一套全面而完整的社会保险体系来消灭贫困，从而保护个人避免失业、疾病或年老所带来的风险；《就业政策白皮书》则明确将维持“一个高而稳定的就业水平”作为战后政府的主要目标与职责之一。目前，英国的社会福利保障大概包括以下几个部分。

1.2.7.1 社会保险制度

英国社会保障制度的主体部分是社会保险制度。社会保险制度规定，以立法为依托，强制所有的在法定年龄范围内的公民都要参加社会保险，社会保险的基本支出需求由国家和雇主共同出资来满足。公民在缴纳保险费后便能享受社会保险。社会保险包括退休年金、失业津贴、疾病津贴、产妇津贴、寡妇津贴、工伤与伤残津贴、战争抚恤金等。在英国社会保险制度之中，最为重要的两个组成部分是养老保险制度和医疗保险制度。

英国的社会养老保险大致可以分为三个层次：最基本的层次由“国家基本养老金计划”和“最低收入保证制度”组成。其中，“国家基本养老金计划”是指每个符合领取养老金条件的英国公民都可以领取到的等额年金。“最低收入保证制度”则是专门针对社会弱势群体提供的扶助政策，即通过政府提供补贴，使弱势群体的收入可以提高至国家最低收入标准；中间的层次由不同性质的收入关联养老金计划组成，具体包括1998年工党提出的“国家第二养老金计划”、雇主提供的“职业养老金计划”、保险公司和其他金融机构提供的“个人养老金计划”以及团体个人养老金计划；英国社会养老保险的第三层次由自愿补充供款型、自主自愿补充养老金计划以及其他私人保险年金等构成。

英国的医疗制度属于国家预算型医疗制度。英国医疗制度的主要特征是国家保健服务制。英国政府强调广泛平等地享受医疗服务，政府主要通过税收资助全国性医疗服务。英国的社会医疗保险体系大致可以分为两个层次：第一层次是以社区为主的一线医疗，主要有在社区驻诊的一般家庭医师和护士组成；第二层次则为医院专科服务，由专科医师负责并接手由一线医生或护士转介过来的病人或处理一些重大的意外事故及急诊。

1.2.7.2 其他社会保障制度

（1）国民健康服务

国民保健服务是社会保障制度的重要组成部分。它成立于1948年，并规定本国公民在无须支付费用或者在支出较少的情况下都能充分享用本国设立的医疗保健服务。公民在国营的医疗机构中治疗疾病，如住院、取药等，一般都是免费的。

（2）社会救济制度

英国的社会救济制度可以追溯到早期的《济贫法》，通过其他法律的实施而得到完善。社会救济与社会保险差异很大，社会救济的领取者并不需要向国家缴纳费用。社会救济发放的救济金额也不会很高，它主要是用来满足居民的特殊困难需求。受益人在领取救济金之前，都要经过政府严格的资格审查，严防冒领者出现。

（3）社会补助制度

社会补助制度一般是起到向居民提供子女、家庭、住房方面的补助的作用。居民都有资格享受各类社会津贴，而且不需要支付任何的费用。受助者不需要向政府偿还领取的津贴，也不需要为此支付利息。每个家庭只要每周的收入低于国家规定的标准，成人一周工作的时间都超过 24 小时就可以依据自己的情况申请一定的家庭补助津贴。

1.2.7.3 社会保障的管理部门

英国作为世界上最早建立社会福利的国家之一，在社会保障管理的机构设置上，经历了多次的改革与完善，形成了较为完备的管理机构。英国的社会保障机构大概可以分为三个层次。处于第一层次的为英国的社会保障部。英国社会保障部负责福利、养恤金和儿童养恤金政策。这个英国最大的公共服务部门，对管理国家养老金和一系列的工作年龄、残疾和健康福利发挥着重要作用，使大约 1 800 万的索赔人和客户受益。英国社会保障部主要由养老金规划部门、就业中心、伤残抚恤管理部门、儿童福利管理部门、住房服务部门、信息技术部门、法务政策部门、国际交流部门等组成。处于第二层次的主要是一些社会保障管理监督机构。主要包括：退休金调整机构、养老金咨询服务机构、残疾人维权委员会、独立生活资金、专门法庭、残疾人士就业咨询委员会、伤残生活津贴顾问委员会、工伤咨询理事会、社会保障咨询委员会、全国就业小组、公营公司、养老保障基金会、其他赞助机构以及社会基金独立审查机构等。处于第三层次的主要是一些英国的非政府组织。非政府组织补充着政府职能，如慈善组织、社区、社工组织等中介机构，它们在完善英国的社会保障制度也发挥着重要作用。

第 2 章
英国法律环境

2.1 英国法律的性质与渊源

英国究竟有无宪法一直存在争议。一方面，从宪法的概念上来讲，英国显然缺少一部全面的成文宪法或文献，用以指导和规范政府部门与公民之间的关系。另一方面，从实质上讲，英国又的确有宪法。英国是英美法系的发源地，其法律制度具有独特的历史传统和发展道路。其特殊性在于：英国宪法不是在某个时刻制定出来的，而是数百年来逐渐积累“生成”的，英国宪法并非囊括于一本成文法典之中，而是散见于一些宪法性的历史文件、议会制定法、判例和惯例之中，其内容灵活多变，是典型的柔性宪法。

2.1.1 宪法

英国的宪法包括三个部分：在不同历史时期公布的宪法法案；宪法性质的法院判决以及宪法惯例。

2.1.1.1 不同历史时期公布的宪法法案

英国在不同历史时期公布的宪法法案可以分为两类。一是历史上具有规约性质的重要文件。如英国宪法中最早的成文部分——1215 年的《自由大宪章》、1259 年的《人民公约》、1628 年的《权利请愿书》等；二是议会立法。议会立法包括关于确定国王权力、保障公民权利，推广普选权、设立法庭和政府行政权等，历史上比较著名的议会立法有 1689 年的《权利法案》、1707 年的《与苏格兰统一法》、

1920 年的《爱尔兰政府法》等。

2.1.1.2 宪法性质的法院判决

宪法性质的法院判决又被称为对议会立法的司法解释。在英国，法院无权对议会制定的法律的效力作出裁定，但法院有权裁决某个法律是否运用的恰当。根据司法解释，法院有机会对法律的运用进行规范。常见的宪法性质的法院判决有有关法官特权、人民控诉国家官员、颁发人身保护状以及议会特权的判决等。

2.1.1.3 宪法惯例

宪法惯例是指没有反映在正式的成文法中，但实际上具有宪法效力的习惯与传统。在实际生活中，惯例被视为具有特殊的权威而长期坚持使用，但宪法惯例在实际运用中的强弱程度不一。比较强硬的惯例包括：议会每年至少要召开一次会议，内阁由下院多数党组成、其领袖由英王任命为首相，次多席位的政党则成为法定的反对党等。此外，内阁的组成方法以及内阁只对下院负责也是由宪法惯例所规定。

2.1.2 其他法律

2.1.2.1 习惯法

从理论上讲，习惯法指的是在历代人民中累积下来、其起源遥远不可考的法律，在实践中则是指由法院裁决积累下来并组成的一种法律。例如，涉及英国国民传统的权利与自由的法律，这些法律被作为先例延续下来并被法院所确认，成为英国习惯法的组成部分。英国王室保留的特权就渊源于习惯法。

2.1.2.2 权威著作

权威著作是指英国社会公认的对解释宪法性法律有指导性的文献，在英国政治生活的实际运作之中，如果没有其他权威性成文法的规定，应该查阅著名的英国宪政专家的著作，如 1867 年沃尔特・白芝浩所著的《英国宪法》、1885 年爱德华・戴西所著的《宪法研究导论》（又译《英宪精义》），以及 1933 年詹宁斯爵士的《法与宪法》等。

2.1.2.3 欧盟法律

1972 年，英国议会通过《欧洲共同体法》，并在 1973 年加入了当时的欧洲共同市场。自此，欧盟的法律开始对英国产生约束力并开始在英国法院实施，英国法院可以根据欧共体法律审查议会立法。例如，1988 年，英国上议院曾以《商务运输法》与欧共体法相抵触为由宣布其无效。欧盟法律在英国的实施对英国议会主权的宪政原则构成了一定冲击，但随着英国脱欧进程的推进，预计欧盟的法律将对英国法律制度失去影响力。英国宪法的渊源见图 2－1。

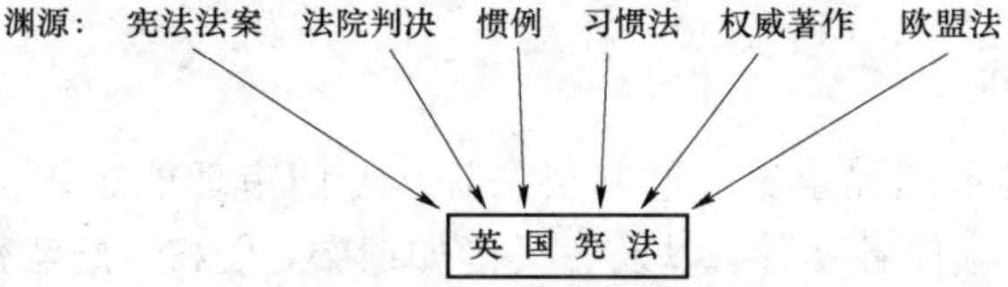

图 2－1　英国宪法的渊源

2.2 法院体系

英国不同地方在法律和司法制度上存在极大的差异，因此很难对英国的法律与司法系统作一个简单明了的概括。比如，同大部分欧陆国家一样，苏格兰在法律方面受罗马法的影响，并且拥有独立的司法行政系统，而英格兰的法律与司法体制和苏格兰以及大部分欧陆国家的截然不同：欧陆法系通常建立在源于罗马法之成文法的基础上，而英格兰的法律则立足于习惯法。

英国的法院体系十分复杂，苏格兰和北爱尔兰都拥有自己独特的法院体系，英格兰和威尔士则共用一套法律体系。以后者为例，英格兰和威尔士的法院体系大概分为四级——基层法院（治安法院、郡法院）、最高法院（高等法院、皇家刑事法院、上诉法院）、上议院和枢密院司法委员会。其中，枢密院司法委员会主要受理英国海外属地或英联邦国家提起的上诉。目前，只有少数英联邦国家仍然保留此种上诉制度。

2.2.1 治安法院

治安法院是英国最基层的法院，起源于中世纪的伦敦金融城的警长办公室，专门处理金融城里的小型治安案件，1361 年正式起用“治安法官”的名称，同时诞生了“治安法院”。随着英国工业革命的成功和法制的完善，现在的治安法院，除了伦敦金融城的四个外，均内设民事和刑事审判庭。治安法院主要审理一般刑事案件，是英国法院系统中很有特色的部分。治安法院不设陪审团，其法官由没有受过专门训练的平民组成。根据 1961 年的英国治安法官法，这些“平民法官”由地方委员会提名，上议院任命，但没有薪水，只是一种义务和荣誉，审理案件由两到三名“平民法官” 组成合议庭，在一名受过专门训练的书记官的帮助下进行。但在伦敦和几个大城市的治安法官必须受过专门训练，并且必须任律师七年以上，这些法官的产生由上议院提名，英王任命。

2.2.2 郡法院

郡法院是专门审理民事案件的基层法院。专门审理能进入快速通道的、不超过 5 000 英镑的小额债务案件，以及各类诸如遗嘱、侵权（赔偿额不超过 1 000 英镑）等民事案件和各类轻微的刑事案件。郡法院根据 19 世纪《郡法院法》而设立，管辖范围很宽泛，合同纠纷、侵权案件以及小额遗产、衡平案件等皆由其管辖。郡法院的特点是诉讼程序较为简单，一般由一名专职法官审理案件，有些类似于我国的简易程序，而且诉讼费用也较低。法官从有资历的律师中产生，由上议院提名，国王任命。

2.2.3 高等法院

高等法院设置于 1828 年，管辖英格兰和威尔士。高等法院主要审理民事案件，设有大法官庭、王座法庭和家事法庭，共有法官 70 多人。首席大法官主持王座庭，副大法官主持大法官庭，院长主持家事庭。所有法官均从有经验的律师中产生。在上述高等法院的三个法庭中，王座法庭是最主要、最繁忙的一个，享有民事和刑事两方面的初审司法权，其中的三至五名法官可组成合议庭，审理来自治安法院的上诉案件。为提高司法效率，王座法庭内设立了许多专门分庭，分别由具备专业知识的法官主持；大法官法庭对某些案件拥有专属管辖权，如公司、税务、财经、托管执行、监护、专利、抵押物拍卖、破产衡平案等。家政法庭主要受理家庭事务领域内的纠纷案件，如死者遗产、离婚、宣布婚姻无效、恢复夫妇同居权以及发布婚生宣告等。

2.2.4 上诉法院

上诉法院设有民事审判庭和刑事审判庭，有 35 名大法官，他们都是枢密院成员。上诉法院是最高法院的一部分，只行使上诉管辖权，可分为刑事上诉庭和民事上诉庭。刑事上诉庭负责受理不服皇家刑事法院判决而上诉的案件，开庭时通常由皇家首席大法官或上诉法官主持，王座法院法官和上诉法院法官参与审理，通常由三位法官出庭。当案件引起公众的普遍重视时，可以进一步上诉到上议院。民事上诉庭则负责受理不服高等法院、郡法院判决的上诉案件，大部分民事上诉案件由掌卷法官和上诉法官审理，总数为奇数的法官（通常为三人）审理此类上诉案件，由多数作出决定。

2.2.5 上议院

上议院受理不服上诉法院判决的二审上诉或某些进入三审程序的重要案件，也是英国国内的终审法院，包括英格兰、威尔士所有案件的终审以及苏格兰民事案件的终审权。上议院共有 16 名高级大法官组成。开庭时，由 5 名高级大法官审理。1969 年司法管理条例规定了一种叫作“蛙跳式”的程序，即高等法院如认为案件重大、涉及立法或先例约束的时候，可以直接决定由上议院审理。

上议院才是英国真正意义上的最高法院，但审理的案件不多，每年约三四十例。上议院的高级法官首先是上议院的议员，首席大法官则由上议院的议长担任。其他高级法官一般从全英最著名的辩护律师中任命，也有从下级法院的法官中提拔。审理案件一般不作书面审，而是听取双方律师的辩论，其判决以上议院的决议形式作出，效力为最终判决。

2.3 市场法律法规

英国并无一部完整的成文宪法，但有着完善的市场法律体系和市场监管机构。

2.3.1 英国市场法律总览

英国是一个典型的传统市场经济国家，市场主体法律制度比较完善，在市场准入、市场监管等方面都有其独到之处。总的来说，英国有关市场经济的法律制度，按内容可以分为宏观经济调控方面的法律、规范市场行为和秩序的法律、劳动和社会保障方面的法律。市场主体法律制度属于规范市场行为和秩序的法律，具体详见表 2-1。

表 2-1 英国市场法律一览

<table>
<tr><th colspan="3">职能</th><th>监管机构</th><th>法律制度</th></tr>
<tr><td colspan="3">市场准入</td><td>商业、创新与技能部</td><td>公司法、商法</td></tr>
<tr><td rowspan="11">市场监管</td><td colspan="2">反垄断，反不正当竞争</td><td>竞争与市场局（2014 年由公平交易局和竞争委员会合并）、竞争上诉法庭</td><td>竞争法、企业法、公平交易法</td></tr>
<tr><td colspan="2">广告监管</td><td>涉及竞争与市场局、通信管理局、食品标准管理局、药品和保健品监管局等机构</td><td>散见于公平交易法、独立广播电台法、消费者保护法、食品与药品法等法律中</td></tr>
<tr><td rowspan="3">知识产权保护</td><td>专利</td><td>商业、创新与技能部（知识产权局）</td><td>专利法</td></tr>
<tr><td>商标</td><td>商业、创新与技能部（知识产权局）</td><td>商标法</td></tr>
<tr><td>版权</td><td>商业、创新与技能部（知识产权局）</td><td>版权法</td></tr>
<tr><td colspan="2">直销监管</td><td>商业、创新与技能部，竞争与市场局等</td><td>商务计划法案，商务计划指导意见；另涉及公平交易法（传销部分）、消费者保护法、商务指南等</td></tr>
<tr><td colspan="2">合同监管</td><td>竞争与市场局（劳动合同）
竞争与市场局（交易合同）</td><td>劳工判例法、不公平合同条款法、不公平消费者合同条款法</td></tr>
<tr><td colspan="2">电子商务监管</td><td>商业、创新与技能部，竞争与市场局</td><td>电子通信法、电子商务条例等</td></tr>
<tr><td colspan="2">食品药品监管</td><td>食品标准管理局、药品和保健品监管局</td><td>食品安全法、食品标准法、食品业指南、英国药典、药品法等</td></tr>
<tr><td colspan="2">质量检验检疫</td><td>商业、创新与技能部，环境、食品与乡村事务部</td><td>英国标准法规集、食品安全法、动物检验检疫法等</td></tr>
<tr><td colspan="2">物价监管</td><td>涉及商业、创新与技能部，竞争和市场管理局，金融监管局，卫生部等机构</td><td>未见有物价法，涉及企业法、竞争法等</td></tr>
<tr><td colspan="3">消费者权益保护</td><td>商业、创新与技能部，竞争与市场局</td><td>消费者保护法，其他法律集</td></tr>
</table>

资料来源：刘燕、王培章：主要国家（地区）市场监管机构和制度研究丛书——英国，第 1 页

2.3.2 英国重点市场法律介绍

2.3.2.1 反垄断法

英国反垄断法主要包括禁止垄断协议、禁止滥用市场支配地位、规制经营者集中和垄断管制四个方面，其代表性法律有1973年的《公平交易法》，1998年的《竞争法》以及2002年的《企业法》。

《公平交易法》对三类垄断作出了规制，即结构性或规模性垄断、行为性或复合性垄断以及有关出口的垄断，同时规定了竞争委员会、贸工大臣、行业管制机关以及公平交易局对垄断控制的职责。

《竞争法》的主要规定有：禁止一切实际或可能阻碍、限制或扭曲英国贸易活动的企业间协议、行业组织决定和共谋行为；禁止一个或多个企业滥用其市场支配地位影响英国境内的贸易活动；对企业的兼并和集中以及水、电、气、电信、铁路等管制行业的垄断进行界定。

2002年的《企业法》主要对兼并的种类、申报门槛及审查等作出规定。

2.3.2.2 知识产权保护法

英国知识产权的保护法主要有1994年的《商标法》、2003年的《版权法》以及2004年的《专利法》。

英国的商标注册制度起源于19世纪，经过数次完善，形成了1994年的《商标法》。1994年的《商标法》与之前的商标制度的改进主要体现在：增加了商标的可注册性、将注册商标的有效期和续展有效期定为10年、扩大商标权的保护范围以及规定商标侵权的刑事责任四个方面。

世界上第一部版权法《安娜法令》18世纪初期在英国诞生，后来经过不断完善，形成了2003年的《版权法》。英国先行的《版权法》在结构上主要包括：版权的客体、归属及保护期；版权所有人权利；有关版权作品允许实施之行为；精神权利；侵权救济以及版权许可等。

世界上第一部正式的专利法《垄断权条例》同样诞生于英国，以之为蓝本，经过多次修改，最终形成2004年的《专利法》。2004年的《专利法》相对于之前的专利法而言，提供了更为便捷的申请程序，允许申请人延迟缴纳申请费，允许专利权转让人自行与受让人签订合同进行转让交易。

2.3.2.3 其他主要法规

1988年，英国《消费者保护法》开始实施，并在2000年根据欧盟法律作出相应修改。《消费者保护法》是英国保护消费者的基本法，包括产品责任、消费者安全、价格标示三个主要部分以及有关执行措施的部分和补充的部分。

在保障进出口食品的安全方面，英国自 1984 年开始分别制定了《食品法》《食品安全法》《食品标准法》和《食品卫生法》，并出台许多专门规定，为英国制定监管政策、检测标准以及质量认证提供了有力依据，同时为食品安全监管提供了有力的法律支撑。

英国有关进出境动植物检疫的法律制度也比较完善，主要有《英国动植物检疫法》《英国植物检疫条例》《英国植物保健法》《英国动物检验法》和《危险性病虫法案》等。

第3章 英国贸易环境

3.1 英国对外贸易综述

3.1.1 货物贸易现状

英国是全球第五大经济体和欧洲第二大经济体，在全球贸易市场占有重要地位。根据世界贸易组织2016年的统计数据，英国是全球第四大商品进口国，进口额为6 360亿美元，仅次于美国、中国和德国。数据同时显示，2016年英国商品出口额为4 090亿美元，居世界第十位，英国的商品贸易逆差超过2 000亿美元。表3-1为2016年全球各国（地区）商品进出口总额排名。

表3-1　　2016年全球各国（地区）商品进出口总额排名

（单位：十亿美元）

排名	国家和地区	进口额	百分比	排名	国家和地区	出口额	百分比
1	美国	2 251	13.9	1	中国	2 098	13.2
2	中国	1 587	9.8	2	美国	1 455	9.1
3	德国	1 055	6.5	3	德国	1 340	8.4
4	英国	636	3.9	4	日本	645	4
5	日本	607	3.7	5	荷兰	570	3.6
6	法国	573	3.5	6	中国香港	517	3.2
7	中国香港	547	3.4	7	法国	501	3.1

续表

排名	国家和地区	进口额	百分比	排名	国家和地区	出口额	百分比
8	荷兰	503	3.1	8	韩国	495	3.1
9	加拿大	417	2.6	9	意大利	462	2.9
10	韩国	406	2.5	10	英国	409	2.6
11	意大利	404	2.5	11	比利时	396	2.5
12	墨西哥	398	2.5	12	加拿大	390	2.4
13	比利时	367	2.3	13	墨西哥	374	2.3
14	印度	359	2.2	14	新加坡	330	2.1
15	西班牙	309	1.9	15	瑞士	303	1.9
16	新加坡	283	1.7	16	西班牙	287	1.8
17	瑞士	269	1.7	17	俄罗斯	282	1.8
18	中国台湾	231	1.4	18	中国台湾	280	1.8
19	阿联酋	225	1.4	19	阿联酋	266	1.7
20	土耳其	199	1.2	20	印度	264	1.7
21	波兰	197	1.2	21	泰国	215	1.3
22	澳大利亚	196	1.2	22	波兰	203	1.3
23	泰国	195	1.2	23	澳大利亚	190	1.2
24	俄罗斯	191	1.2	24	马来西亚	189	1.2
25	越南	174	1.1	25	巴西	185	1.2
26	马来西亚	168	1	26	越南	177	1.1
27	奥地利	157	0.9	27	沙特阿拉伯	175	1.1
28	巴西	143	0.9	28	捷克	163	1
29	捷克	142	0.9	29	奥地利	152	1
30	瑞典	139	0.9	30	印度尼西亚	144	0.9
31	沙特阿拉伯	139	0.9	31	土耳其	143	0.9
32	印度尼西亚	136	0.8	32	瑞典	140	0.9
33	匈牙利	94	0.6	33	爱尔兰	128	0.8
34	南非	92	0.6	34	匈牙利	102	0.6
35	菲律宾	86	0.5	35	丹麦	95	0.6
36	丹麦	86	0.5	36	挪威	89	0.6

续表

排名	国家和地区	进口额	百分比	排名	国家和地区	出口额	百分比
37	斯洛伐克	75	0.5	37	斯洛伐克	78	0.5
38	爱尔兰	75	0.5	38	南非	75	0.5
39	罗马尼亚	75	0.5	39	伊朗	66	0.4
40	挪威	72	0.4	40	罗马尼亚	64	0.4
41	以色列	69	0.4	41	以色列	60	0.4
42	葡萄牙	68	0.4	42	智利	60	0.4
43	芬兰	60	0.4	43	阿根廷	58	0.4
44	智利	59	0.4	44	芬兰	58	0.4
45	埃及	56	0.3	45	卡塔尔	58	0.4
46	阿根廷	56	0.3	46	菲律宾	56	0.4
47	希腊	49	0.3	47	葡萄牙	56	0.3
48	伊拉克	48	0.3	48	科威特	46	0.3
49	巴基斯坦	47	0.3	49	伊拉克	44	0.3
50	阿尔及利亚	47	0.3	50	秘鲁	37	0.2
	上述合计	14 968	93.8		上述合计	14 819	91.3
	全球合计	15 955	100		全球合计	16 225	100

资料来源：世界贸易组织

单从英国货物进出口贸易的数据来看，根据中国海关总署的统计数据，自 2012 年以来，英国的进出口贸易总体持增长态势，但在 2015—2016 年间出现了一定比例的下降，不过该趋势在 2017 年得以逆转，英国的货物进出口数额重新恢复增长。表 3－2 为 2012—2018 年英国部分月份的累计数据进出口。

表 3－2　　2012—2018 年英国部分月份进出口累计金额

日期	进出口（亿美元）		出口（亿美元）		进口（亿美元）	
	累计金额	同比（%）	累计金额	同比（%）	累计金额	同比（%）
2012 年 1 月	48.9	10.6	36.9	8.9	12.1	16
2012 年 7 月	350.5	12.8	254	8.8	96.6	24.8
2013 年 1 月	54.5	11.4	40.6	10.2	13.9	14.8
2013 年 7 月	363.1	3.6	261.8	3.1	101.3	4.9

续表

日期	进出口（亿美元）		出口（亿美元）		进口（亿美元）	
	累计金额	同比（%）	累计金额	同比（%）	累计金额	同比（%）
2014 年 9 月	595	20.2	417.8	16.4	177.2	30.3
2015 年 6 月	367.4	-0.9	269.8	6.5	97.7	-16.9
2015 年 12 月	785.4	-2.9	596	4.3	189.4	-20.2
2016 年 6 月	345.8	-5.6	255.7	-4.8	90.1	-7.7
2016 年 12 月	743.4	-5.3	556.9	-6.5	186.5	-1.5
2017 年 6 月	372	9.1	263.5	5	108.5	20.5
2017 年 12 月	790.3	6.2	567.2	1.8	223.1	19.4
2018 年 2 月	121.2	17.1	83.2	12.5	38	28.8

数据来源：中国海关总署

3.1.1.1 英国对外贸易发展趋势

英国对外贸易依存度高，2015 年英国的进口总额达到英国 GDP 的 29%，出口总额所占的比重为 27%。英国统计局的数据显示，英国的货物贸易为逆差状态，贸易逆差为 1 263.3 亿英镑；服务贸易处于顺差状态，贸易顺差为 877.6 亿英镑。根据国际货币基金组织的统计数据，2016 年英国进口总额为 5 883.86 亿美元，出口总额为 4 027.21 亿美元，英国继续处于贸易逆差状态。图 3－1 为 2008—2016 年英国贸易发展的趋势的折线统计图。

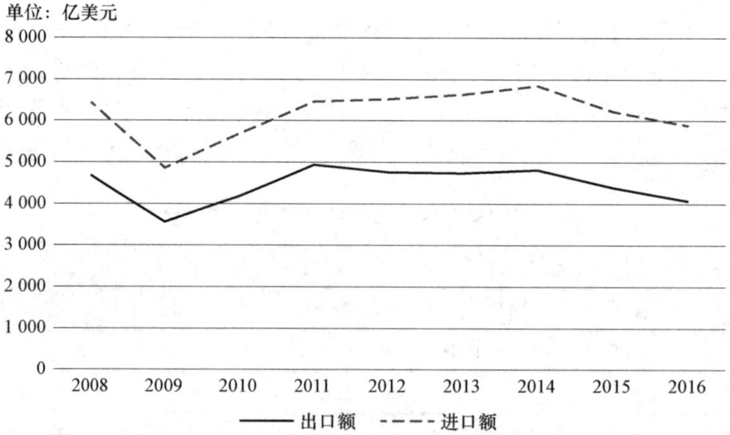

图 3－1 2008—2016 年英国对外贸易发展趋势

资料来源：国际货币基金组织

根据国际货基金组织的统计数据，不难发现，英国始终处于贸易逆差的状态，其净出口对经济增长的贡献为负。自 1998 年以来，英国的贸易收支便长期处于逆差状态，2008 年英国的出口额 4 682.99 亿美元，进口额为 6 441.05 亿美元，贸易逆差为 1 758.06 亿美元。2016 年，英国的进口总额为 1 811.65 亿美元，相比 2008 年出现小幅增加。图 3 – 2 为 2008—2016 年英国贸易逆差的发展趋势。

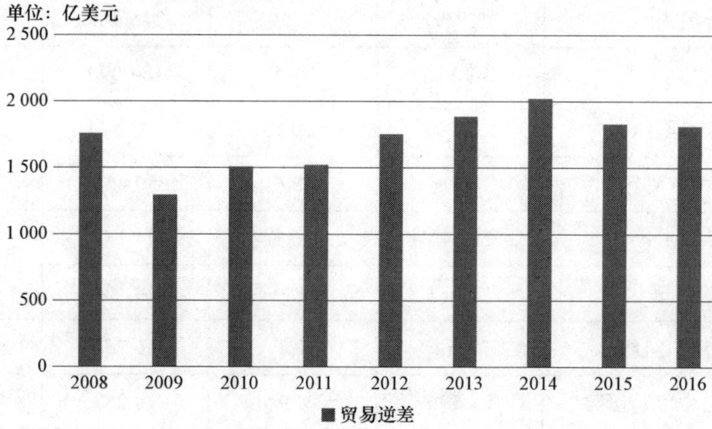

图 3 – 2　2008—2016 年英国贸易逆差发展趋势

资料来源：国际货币基金组织

在贸易伙伴方面，由于前几年的欧洲债务危机的影响，英国传统的欧洲贸易伙伴国经济增长乏力，进口的需求下降。在这种情况下，英国积极调整贸易策略，努力发展与非欧盟国家特别是新兴市场国家的经济贸易关系，积极开拓新的出口市场。数据显示，2008—2015 年，英国对欧盟国家的货物出口平均每年下降 0.7%，而对非欧盟国家的贸易则出现了高达 5%的年均增长率。

2016 年，英国全民公投决定脱离欧盟，意味着英国将失去统一大市场的诸多好处，英国的产品进入欧盟将面临各种关税和非关税壁垒，英国与欧盟的贸易将受到冲击。最新的统计数据显示，2017 年英国货物进出口总额为 8 433 亿英镑。其中，出口 3 453 亿英镑，进口 4 980 亿英镑。英国继续保持贸易逆差的状态。近年来，英国前五位最大出口市场为：美国、德国、荷兰、法国、爱尔兰；前五位最大进口来源地为：德国、中国、荷兰、美国、法国。

鉴于德国、美国、中国、法国等国家在英国贸易中所占的重要地位，英国对主要区域经济组织的进出口贸易额呈现明显的集中性，表 3－3 为 2017 年 1—9 月英国对主要经济组织的进出口贸易额及所占比例。

表 3－3　2017 年 1—9 月英国对主要区域经济组织的进出口额及所占比例

（单位：百万美元）

主要区域经济组织	进口		出口	
	金额	占比（%）	金额	占比（%）
经合组织	353 791	77.4	245 489	75.1
欧盟 28 国	248 855	54.4	154 090	47.2
亚太经合组织	137 729	30.1	102 424	31.4
北美自由贸易区	57 516	12.6	50 458	15.5
东盟 10＋6	73 571	16.1	44 187	13.5
中东 15 国	12 632	2.8	24 164	7.7
石油输出国组织	7 734	1.7	16 756	5.1
中东欧自由贸易区	22 596	4.9	10 287	3.2
拉美一体化协会	6 252	1.4	5 052	1.6
南方共同市场	6 101	1.3	4 975	1.5
总值	457 416	—	326 695	—

资料来源：中国商务部

3.1.1.2　进出口货物结构

英国作为世界上重要的贸易大国，其贸易结构呈现明显的产业内贸易特点。根据中国商务部 2016 年的统计数据，英国主要的进口商品类别有车辆及其零附件（铁道车辆除外）、核反应堆、锅炉、机械器具及零件、珠宝、贵金属及制品、仿首饰、硬币等；主要的出口商品类别有：核反应堆、锅炉、机械器具及零件、车辆及其零附件（铁道车辆除外）以及药品等。表 3－4 为 2016 年英国主要的进出口商品类别及进出口金额。

表 3-4　　2016年英国主要进出口商品类别及金额

（单位：百万美元）

进　口		出　口	
商品类别	金额	商品类别	金额
总值	634 236	总值	418 946
车辆及其零附件（铁道车辆除外）	75 319	核反应堆、锅炉、机械器具及零件	61 483
核反应堆、锅炉、机械器具及零件	74 620	车辆及其零附件，但铁道车辆除外	52 146
珠宝、贵金属及制品、仿首饰、硬币	72 878	药品	33 055
电机、电气、音像设备及其零附件	55 730	珠宝、贵金属及制品、仿首饰、硬币	28 606
矿物燃料、矿物油及其产品、沥青等	39 856	电机、电气、音像设备及其零附件	27 541
药品	31 517	矿物燃料、矿物油及其产品、沥青等	26 193
航空器、航天器及其零件	19 704	航空器、航天器及其零件	21 472
光学、照相、医疗等设备及零附件	17 786	光学、照相、医疗等设备及零附件	17 470
塑料及其制品	17 326	塑料及其制品	11 195
针织或钩编的服装及衣着附件	12 091	有机化学品	10 110
非针织或非钩编的服装及衣着附件	11 660	饮料、酒及醋	9 571
家具、寝具等、灯具、活动房	11 050	艺术品、收藏品及古物	8 444
有机化学品	8 967	杂项化学产品	6 446
钢铁制品	8 618	精油及香膏、香料制品及化妆盥洗品	5 595
饮料、酒及醋	7 935	钢铁	5 429
纸及纸板、纸浆、纸或纸板制品	7 483	钢铁制品	5 390
木及木制品、木炭	6 739	非针织或非钩编的服装及衣着附件	4 661
鞋靴、护腿和类似品及其零件	6 738	家具、寝具等、灯具、活动房	3 639
食用水果及坚果、甜瓜等水果的果皮	6 401	印刷品、手稿、打字稿及设计图纸	3 639
精油及香膏、香料制品及化妆盥洗品	6 261	针织或钩编的服装及衣着附件	3 599
玩具、游戏或运动用品及其零附件	5 816	鞣料、着色料、涂料、油灰、墨水等	3 336
肉及食用杂碎	5 524	纸及纸板、纸浆、纸或纸板制品	3 044
艺术品、收藏品及古物	5 346	铝及其制品	2 744
钢铁	5 141	杂项食品	2 634
橡胶及其制品	4 928	橡胶及其制品	2 543

续表

进口		出口	
商品类别	金额	商品类别	金额
杂项化学产品	4 736	洗涤剂、润滑剂、人造蜡、塑型膏等	2 232
铝及其制品	4 724	鞋靴、护腿和类似品及其零件	2 224
肉、鱼及其他水生无脊椎动物的制品	4 422	无机化学品、贵金属等的化合物	2 084
食用蔬菜、根及块茎	4 252	船舶及浮动结构体	2 079
谷物粉、淀粉等或乳的制品、糕饼	4 023	谷物粉、淀粉等或乳的制品、糕饼	2 065
以上合计	547 591	以上合计	370 668

资料来源：中国商务部

3.1.1.3 主要贸易伙伴关系

英国的主要贸易伙伴集中在欧洲大陆，以及美国和中国。中国商务部的统计数据显示，2016 年英国最大的贸易伙伴是德国，其次是美国，中国是英国的第三大贸易伙伴，荷兰 56 亿美元的差额紧随中国之后，是英国的第四大贸易伙伴。其中，美国是英国贸易顺差的主要来源国，德国和中国是英国贸易逆差的主要来源国。2016 年，英国与主要贸易伙伴的进出口额如表 3－5 所示。

表 3－5　　2016 年英国最大贸易伙伴

（单位：百万美元）

进口贸易伙伴				出口贸易伙伴			
国家和地区	金额	同比（%）	占比（%）	国家和地区	金额	同比（%）	占比（%）
德国	89 092	－6.1	14.1	美国	63 012	－9.4	15
美国	58 483	0.5	9.2	德国	44 348	－5.3	10.6
中国	55 264	－12.7	8.7	法国	26 739	－2.5	6.4
荷兰	47 434	－0.7	7.5	荷兰	25 906	－2.6	6.2
法国	36 587	－6	5.8	爱尔兰	23 190	－9.8	5.5
比利时	32 102	1.7	5.1	瑞士	19 905	－41.7	4.8
瑞士	26 303	156.9	4.2	中国	18 541	－33.1	4.4
意大利	24 552	－2.6	3.9	比利时	15 965	－10.4	3.8

续表

进口贸易伙伴				出口贸易伙伴			
国家和地区	金额	同比(%)	占比(%)	国家和地区	金额	同比(%)	占比(%)
挪威	17 394	-7.4	2.7	中国香港	9 487	-6.8	2.3
加拿大	13 565	26	2.1	阿联酋	9 250	-11.8	2.2
日本	12 544	22.4	2	沙特阿拉伯	6 715	-19.3	1.6
波兰	12 534	0.3	2	日本	6 620	0.1	1.6
土耳其	12 283	10.5	1.9	加拿大	6 309	7	1.5

资料来源：中国商务部

如果将欧盟视作一个整体，那么欧盟毋庸置疑是英国的最大贸易伙伴。从2000年、2005年、2010年以及2015年的数据来看，无论是英国的商品进口、服务进口还是英国的商品出口以及服务出口，与欧盟的贸易比例均占到英国同全球贸易比例的一半左右。在与欧盟的贸易中，英国处于贸易逆差的地位。表3-6为英国在2000、2005、2010、2015四个自然年与欧盟贸易额的具体数据。

表3-6　　2000—2015年英国与欧盟的贸易数据

（单位：百万英镑）

与欧盟贸易	2000年	2005年	2010年	2015年
货物出口	11 318	123 069	145 173	133 524
占全球出口比例（%）	60.1	58	53.7	49.9
服务出口	33 462	54 510	70 960	88 909
占全球出口比例（%）	40.9	42.2	40.8	39.4
货物和服务出口总额	146 570	177 579	216 133	222 433
占全球出口比例（%）	54.3	52	48.6	43.6
货物进口	118 548	161 921	189 072	222 992
占全球进口比例（%）	53.5	57.4	51.4	54.2
服务进口	37 797	52 975	57 787	67 977
占全球进口比例（%）	55	55.4	48.4	49.4
货物和服务进口总额	156 345	214 896	246 859	290 969
占全球进口比例（%）	53.9	56.9	50.7	53

资料来源：英国统计局

同2016年的数据一样，2017年前九个月的英国贸易数据显示，德国、美国、中国、荷兰和法国仍然是英国的前五大进口贸易伙伴，美国、德国、法国、荷兰和爱尔兰仍然是英国前五大出口贸易伙伴。从中国的角度看，2016年中国是英国的第三大贸易伙伴，2017年前九个月，中英贸易额超越英荷兰贸易额，中国成为英国第四大贸易伙伴，中国对英国的贸易逆差超过220亿美元。2017年1—9月英国与主要贸易伙伴的进出口状况如表3-7所示。

表3-7　　2017年1—9月英国进出口主要国家和地区数据

（单位：百万美元）

进口国和地区	金额	出口国和地区	金额
德国	66 096	美国	44 470
美国	44 609	德国	34 458
中国	37 936	法国	23 782
荷兰	36 935	荷兰	19 799
法国	26 779	爱尔兰	17 669
比利时	23 531	瑞士	16 613
意大利	18 195	中国	15 682
挪威	16 702	比利时	13 351
西班牙	15 053	西班牙	9 798
爱尔兰	13 492	意大利	9 681
加拿大	11 250	阿联酋	7 354
波兰	9 736	中国香港	6 911
日本	8 998	土耳其	6 724
瑞士	8 225	韩国	5 457
土耳其	7 068	日本	5 402

资料来源：中国商务部

3.1.2　服务贸易概况

2016年，全球服务贸易总额达到95 020亿美元，其中服务进口46 940亿美元，服务出口 48 080 亿美元。具体到国别来看，美国居于全球第一大服务贸易国的地位，中国和德国分别是全球第二、第三大服务贸易国，英国居第四位。

表3－8为2016年全球各国（地区）服务进出口总额的排名情况。

表3－8　　2016年全球各国（地区）服务进出口总额排名

（单位：十亿美元）

排名	国家和地区	进口额	百分比	排名	国家和地区	出口额	百分比
1	美国	482	10.3	1	美国	733	15.2
2	中国	450	9.6	2	英国	324	6.7
3	德国	311	6.6	3	德国	268	5.6
4	法国	236	5	4	法国	236	4.9
5	英国	195	4.1	5	中国	207	4.3
6	爱尔兰	192	4.1	6	荷兰	177	3.7
7	日本	183	3.9	7	日本	169	3.5
8	荷兰	169	3.6	8	印度	161	3.4
9	新加坡	155	3.3	9	新加坡	149	3.1
10	印度	133	2.8	10	爱尔兰	146	3
12	比利时	107	2.3	12	瑞士	112	2.3
13	意大利	102	2.2	13	比利时	109	2.3
14	加拿大	96	2.1	14	意大利	101	2.1
15	瑞士	95	2	15	中国香港	98	2
16	阿联酋	82	1.7	16	卢森堡	94	2
17	中国香港	74	1.6	17	韩国	92	1.9
18	俄罗斯	73	1.6	18	加拿大	80	1.7
19	卢森堡	72	1.5	19	瑞典	71	1.5
20	西班牙	71	1.5	20	泰国	66	1.4
21	巴西	61	1.3	21	阿联酋	63	1.3
22	瑞典	61	1.3	22	奥地利	59	1.2
23	澳大利亚	55	1.2	23	丹麦	58	1.2
24	丹麦	55	1.2	24	澳大利亚	53	1.1
25	中国台湾	52	1.1	25	俄罗斯	50	1

续表

排名	国家和地区	进口额	百分比	排名	国家和地区	出口额	百分比
26	沙特阿拉伯	51	1.1	26	波兰	49	1
27	奥地利	49	1	27	中国台湾	41	0.9
28	挪威	47	1	28	以色列	39	0.8
29	泰国	42	0.9	29	土耳其	37	0.8
30	马来西亚	39	0.8	30	挪威	36	0.8
31	波兰	34	0.7	31	马来西亚	34	0.7
32	印度尼西亚	31	0.7	32	巴西	33	0.7
33	卡塔尔	30	0.6	33	中国澳门	32	0.7
34	墨西哥	29	0.6	34	菲律宾	31	0.7
35	芬兰	28	0.6	35	葡萄牙	29	0.6
36	科威特	25	0.5	36	希腊	28	0.6
37	菲律宾	24	0.5	37	芬兰	25	0.5
38	以色列	23	0.5	38	墨西哥	24	0.5
39	土耳其	20	0.4	39	捷克	24	0.5
40	捷克	20	0.4	40	印度尼西亚	23	0.5
	上述合计	4 163	88.7		上述合计	4 289	89.2
	全球合计	4 694	100		全球合计	4 808	100

资料来源：世界贸易组织

英国是世界上重要的服务贸易国。根据英国统计局的调查数据，2016 年全英国的出口服务(不包括旅游、运输和银行)实现了创纪录的增长，从 2015 年的 1 232 亿英镑增长到 2016 年的 1 427 亿英镑，增长率达 15.8%。同年，英国的服务业（不包括旅游、交通和银行业）的进口总量也出现了创纪录的增长，增长了 102 亿英镑，达到 687 亿英镑，增长率达 17.4%。

3.1.2.1 服务贸易现状

英国是世界上第四大服务贸易国，自 2001 年以来其服务贸易进出口持续稳定增长；即使在金融危机期间，英国的服务贸易也保持着增长势头。作为西方发达的工业化国家，英国在服务贸易方面出口始终大于进口，贸易顺差呈稳定的上升趋势。表 3－9 为 2001—2016 年英国服务贸易进出口的变动情况。

表 3－9　　2001—2016 年英国服务贸易进出口变化状况

（单位：百万英镑）

年份	进口	出口	贸易盈余
2001	17 405	36 246	18 841
2002	18 930	39 374	20 444
2003	19 779	45 003	25 224
2004	23 727	49 437	25 710
2005	25 579	54 205	28 626
2006	30 345	61 737	31 392
2007	33 117	67 910	34 793
2008	38 751	75 459	36 708
2009	41 560	84 120	42 560
2010	42 074	89 523	47 449
2011	43 564	97 311	53 747
2012	46 399	103 828	57 429
2013	53 387	117 193	63 806
2014	54 455	119 703	65 248
2015	58 508	123 231	64 722
2016	68 718	142 657	73 939

资料来源：英国统计局

欧洲一直是英国服务业出口的主要目的地。2016 年，对欧洲的服务贸易出口额占到英国服务贸易出口额的一半，并继续保持快速的增长势头。2016 年，英国对欧洲的服务贸易出口达到 700.8 亿英镑，比 2015 年增长 17.8%。就服务贸易的产品结构而言，英国进口的主要服务产品有关联企业之间的服务、企业管理和管理咨询服务、计算机服务、电信等。表 3－10 为英国服务贸易产品进出口总额的排名情况。

表 3-10 2016 年英国服务贸易产品进出口总额排名

（单位：百万英镑）

进口			出口		
排名	种类	金额	排名	种类	金额
1	关联企业之间服务	11 520	1	金融及财务	18 415
2	商务管理和管理咨询服务	5 254	2	关联企业之间服务	14 668
3	计算机服务	5 190	3	商务管理和管理咨询服务	8 921
4	电信	4 947	4	电信	8 617
5	研发服务	4 906	5	计算机服务	8 335
6	版权使用费用或支出	4 679	6	工程服务	7 314
7	专利使用费用或支出	3 805	7	其他服务贸易	7 092
8	市场研究与民意调查服务	3 495	8	市场研究与民意调查服务	7 085
9	金融及财务	3 430	9	版权使用费用或支出	6 459
10	其他商业和专业服务	2 767	10	研发服务	5 749

资料来源：英国统计局

3.1.2.2 服务贸易的管理和政策

尽管受到国际金融危机和欧洲债务危机的双重影响，英国的服务业贸易仍然保持了逆势上扬的态势。这主要与以下几个因素有关：

（1）健全的服务贸易管理体制。英国每个服务行业都有不同的管理及监管机构，这些管理机构分别负责某行业的贸易促进，如英国贸工部负责管理全部工业行业的贸易事务，金融服务管理局负责英国金融服务业的贸易事务。除了专门的监管机构外，行业组织也是管理英国服务业的重要组成部分，如各行业协会、市场研究协会、管理咨询协会等。

（2）完善的法律制度。长期以来，英国就十分注意通过法律制度的创新来服务行业的发展，并逐步造就了完备的服务业法律环境。如在电信行业，英国政府在 1984 年颁布了《电信法》，打破了英国电信行业的垄断局面，建立了电信市场自由竞争的框架。在有关服务贸易的税收制度上，英国政府以减少税收扭曲为宗旨，坚持低税率、宽税基的原则，及时取消过时低效的条款，从而对英国服务贸易的发展起到了促进作用。

（3）其他政策。除了健全的监管机构与完备的法律制度外，英国利用税务方面的优惠政策，在出入境投资、收入及资本汇出、持有外币账户以及贸易结算方面不设外汇管制，外国公司可以自由将资金转入或转出英国，这种宽松的市场环境有利于英国服务业的发展。在贸易保护方面，英国政府对服务贸易实行严格的贸易壁垒，保护自己国家的服务产业，如英国政府通过技术性贸易壁垒来限制外国供应商进入，英国政府的采购规章中设有“欧洲标准”“国际标准”“英国标准”等不同层面的技术标准，而“英国标准”通常会高于其他标准，通过这种技术性壁垒来保护本国的服务业。

3.1.3 英中进出口贸易

3.1.3.1 英中贸易现状

英国是中国在欧洲传统的贸易伙伴。新中国成立后，两国的有识之士就积极建立了两国之间的贸易合作关系。从20世纪50年代初到70年代两国建交时，英国一直是中国在西欧最大的贸易伙伴。两国正式建交以后，特别是我国改革开放以来，双边贸易有了更快的发展，双边贸易额从1980年的7.64亿美元增加到1990年的20.27亿美元。进入新世纪后，中英双边贸易持续稳定发展（见表3－11）。

表3－11 1999—2015年英中贸易数据

（单位：百万英镑）

年份	英国的货物出口	英国的服务出口	中国的货物出口	中国的服务出口
1999	1 345	468	3 612	256
2000	1 646	452	4 959	291
2001	1 806	665	6 046	337
2002	1 508	845	7 256	489
2003	1 933	1 067	8 860	449
2004	2 663	1 402	10 574	578
2005	2 912	1 722	13 322	668
2006	3 557	1 802	16 140	826

续表

年份	英国的货物出口	英国的服务出口	中国的货物出口	中国的服务出口
2007	4 675	1 354	19 205	1 033
2008	6 015	2 101	23 913	1 375
2009	5 622	1 916	25 354	1 332
2010	8 293	2 164	30 994	1 402
2011	10 542	2 466	31 774	1 206
2012	11 533	2 704	31 490	1 250
2013	13 820	4 143	35 763	1 288
2014	15 473	3 380	36 458	1 182
2015	12 773	3 642	36 344	1 462

资料来源：英国统计局

另据英国税务与海关总署统计，2016年英国与中国的双边货物贸易额为738.1亿美元，下降18.9%。其中，英国对中国出口185.4亿美元，下降33.1%，占英国出口总额的4.4%，下降1.5个百分点；英国自中国进口552.6亿美元，下降12.7%，占英国进口总额的8.7%，下降1.3个百分点。英方贸易逆差为367.2亿美元，增加3.2%。截至12月，中国为英国第七大出口市场和第三大进口来源地。2017年前九个月，中英贸易基本保持稳定，中国继续保持英国第七大出口市场和第三大进口来源地的地位，1—9月，英国与中国的双边货物贸易额为536.2亿美元，下降3.5%。其中，英国对中国出口156.8亿美元，增加11.3%，占英国出口总额的4.8%，增加0.2个百分点；英国自中国进口379.4亿美元，下降8.6%，占英国进口总额的8.3%，下降0.2个百分点。英方贸易逆差为222.5亿美元，下降18.8%。

就商品类别来看，英国自中国进口的前三大类商品是机电产品、家具和玩具、纺织品及原料，2016年分别进口198.6亿美元、82.9亿美元和72.5亿美元，占英国自中国进口总额的35.9%、15.0%和13.1%，分别下降16.9%、9.0%和18.8%。另外，贱金属及制品、塑料、橡胶、鞋靴、伞等轻工产品也是英国从中国进口的重要商品。中国在劳动密集型产品上具有较大优势，是英国纺织品及原料、家具和玩具、鞋靴、伞等轻工产品、皮革制品及箱包最大进口来源地，分别占英国进口市场份额的23.1%、43.4%、31.9%和32.7%。表3－12为2016年英国自中国进口的主要商品构成。

表 3-12　　2016年英国自中国进口主要商品构成（类）

单位：（百万美元）

海关分类	HS编码	商品类别	2016年	上年同期	同比（%）	占比（%）
类	章	总值	55 264	63 315	-12.7	100
第16类	84-85	机电产品	19 857	23 901	-16.9	35.9
第20类	94-96	家具、玩具、杂项制品	8 285	9 102	-9	15
第11类	50-63	纺织品及原料	7 250	8 928	-18.8	13.1
第15类	72-83	贱金属及制品	3 709	4 101	-9.6	6.7
第7类	39-40	塑料、橡胶	2 534	2 720	-6.9	4.6
第12类	64-67	鞋靴、伞等轻工产品	2 392	2 861	-16.4	4.3
第6类	28-38	化工产品	2 017	2 204	-8.5	3.7
第18类	90-92	光学、钟表、医疗设备	1 478	1 463	1.1	2.7
第8类	41-43	皮革制品、箱包	1 234	1 464	-15.7	2.2
第17类	86-89	运输设备	1 208	1 269	-4.8	2.2
第10类	47-49	纤维素浆、纸张	1 169	1 261	-7.3	2.1
第13类	68-70	陶瓷、玻璃	1 103	1 184	-6.9	2
第9类	44-46	木及制品	892	1 016	-12.2	1.6
第14类	71	贵金属及制品	705	376	87.5	1.3
第4类	16-24	食品、饮料、烟草	354	343	3.2	0.6
		其他	1 078	1 122	-3.9	2

资料来源：中国商务部国别贸易报告——英国

英国对中国出口的前四大类商品是运输设备、机电产品、矿产品和化工产品，2016年出口额分别为53.7亿美元、32.8亿美元、22.1亿美元和19.5亿美元，分别占英国对中国出口总额的29.0%、17.7%、11.9%和10.5%，其中，矿产品出口额增加107.5%，运输设备、机电产品和化工产品的出口额分别下降11.4%、6.2%和5.6%。表3-13为2016年英国对中国主要出口商品的构成。

表 3-13　　2016 年英国对中国出口主要商品构成（类）

单位：（百万美元）

海关分类	HS 编码	商品类别	2016 年	上年同期	同比%	占比%
类	章	总值	18 541	27 716	-33.1	100
第 17 类	86-89	运输设备	5 367	6 060	-11.4	29
第 16 类	84-85	机电产品	3 277	3 493	-6.2	17.7
第 5 类	25-27	矿产品	2 211	1 065	107.5	11.9
第 6 类	28-38	化工产品	1 948	2 064	-5.6	10.5
第 15 类	72-83	贱金属及制品	1 214	1 238	-2	6.6
第 14 类	71	贵金属及制品	1 185	10 506	-88.7	6.4
第 18 类	90-92	光学、钟表、医疗设备	893	894	-0.1	4.8
第 10 类	47-49	纤维素浆、纸张	633	699	-9.5	3.4
第 7 类	39-40	塑料、橡胶	409	476	-14.1	2.2
第 1 类	1月5日	活动物、动物产品	354	247	43.7	1.9
第 4 类	16-24	食品、饮料、烟草	222	184	20.7	1.2
第 11 类	50-63	纺织品及原料	194	215	-9.8	1.1
第 20 类	94-96	家具、玩具、杂项制品	148	85	74.5	0.8
第 8 类	41-43	皮革制品、箱包	100	164	-39	0.5
第 21 类	97	艺术品	80	31	156.3	0.4
		其他	306	295	3.6	1.6

资料来源：中国商务部国别贸易报告——英国

3.1.3.2　中英贸易问题

中英两国在经贸领域发展势头良好，两国贸易额呈现快速上升的趋势，但两国在贸易领域同样存在一些问题。当前的主要问题如下：

（1）贸易逆差问题：中英两国贸易中，英国长期处于贸易逆差的状态。根据英国税务与海关总署统计:2016 年英国与中国的双边货物贸易额为 738.1 亿美元，下降 18.9%。其中，英国对中国出口 185.4 亿美元，下降 33.1%，占英国出口总额的 4.4%，下降 1.5 个百分点；英国自中国进口 552.6 亿美元，下降 12.7%，占英国进口总额的 8.7%，下降 1.3 个百分点。英方贸易逆差为 367.2 亿美元，增加 3.2%。英国与中国的双边货物贸易额为 734.1 亿美元，下降 0.5%。其中，英国对中国出口 215.4 亿美元，增加 16.2%，占英国出口总额的 4.8%，增加 0.4 个百分点；英国自中国进口 518.7 亿美元，下降 6.1%，占英国进口总额的 8.3%，下降 0.4 个百分点。英方贸易逆差为 303.3 亿美元，下降 17.4 %。从最近两年的统计数据来看，相对于 2016 年的贸易逆差，2017 年英国贸易顺差有所收窄，但其差额仍在 300 亿美元以上。贸易逆差是中英两国贸易中存在的主要问题之一。从英国贸易逆差的主要来源国来看，德国、中国和荷兰是英国贸易逆差的主要来源国。表 3－14 为 2017 年 1—9 月英国贸易逆差的主要来来源国分布情况。

表 3－14　　2017 年 1—9 月英国贸易逆差的主要来源国分布

（单位：百万美元）

国家	贸易逆差	上年同期	同比（%）
德国	31 638	35 052	－9.7
中国	22 254	27 400	－18.8
荷兰	17 136	16 376	4.6
挪威	13 746	8 626	59.4
比利时	10 180	11 756	－13.4
意大利	8 514	8 119	4.9
加拿大	6 738	5 702	18.2
西班牙	5 254	7 198	－27
波兰	5 133	4 938	4
南非	4 047	6 497	－37.7

资料来源：中国商务部

（2）贸易壁垒问题：中国自改革开放以来，逐渐摒弃原有的计划经济发展模式，发展社会主义市场经济并于 2001 年加入世界贸易组织。然而，美欧日等发达国家至今不承认中国的市场经济地位。英国为了保护其传统产业，也对中国一些商品征收高额关税，进行贸易保护。在农产品的税收方面，英国肉、蛋、奶制品等商品的税率较高，其中奶制品税率极高，达到 164.8%；有的肉制品税率也高达 157.8%。在非农产品的税收方面，机动车和鱼类关税较高，分别为 22%和 24%左右。此外，英国还对进出口货物收取 20%的增值税。中国向英国出口的鞋、瓜果蔬菜、鱼禽肉食类食品、烟草、自行车等优势类别产品都是英国高关税征收的对象。除了关税壁垒，英国还实行很多非关税壁垒，尤其是对中国出口的农产品的质量要求提高，并运用绿色壁垒、技术壁垒等手段来减少中国产品对其的出口量，以保护英国本土企业。此外，反倾销也是英国保护本土产业的手段。由于中国出口的产品价格低廉，英国借此提交反倾销案例，中国企业在立案、调查阶段不得出售该产品，致使中国在调查阶段失去许多消费者，企业竞争力下降。

3.2 英国外贸管理机构和政策

3.2.1 贸易政策

英国在世界上较早完成产业革命。随着英国产业革命的推进，英国需要不断地从国外取得廉价的工业原料和粮食，同时需要将工业制成品输出国外，由于自制产品的强大竞争力，英国积极倡导自由贸易。目前英国总体上实行的是自由贸易政策，但也存在贸易保护现象，如英国的进口许可证制度、进口限制以及反倾销和反补贴的政策等。由于英国的进出口许可制度与欧盟紧密联系，而目前英国处于脱欧进程中，此处不对进出口许可制度进行解释。英国的进口限制是由英国贸工部进口许可证司所实施的；除了欧盟层面上的进口限制之外，英国也对国内进口进行限制，其中包括纺织品及成衣、钢铁以及武器弹药等方面。同时，英国贸工部内部还设有反倾销小组，其主要工作是从英国的利益出发做好协调工作，保护本国的贸易发展。

3.2.2 行政机构

3.2.2.1 英国主要贸易和投资管理部门

（1）英国贸工部（Department for Business, Energy and Industrial Strategy）

英国贸工部致力于建设一个适合所有人的经济体系，以期实现在英国各地都有适合人们工作和企业投资、创新和成长的好地方。其主要负责商业贸易、产业战略、科学研究和创新、能源和绿色发展，以及气候变化等问题。2017 年至 2018 年，英国贸工部的工作重点是：① 实施规模宏大的产业战略；② 将英国的投资机会最大化，保护英国利益；③ 促进竞争市场和负责任的商业行为；④ 确保英国拥有可靠、低成本和清洁能源系统；⑤ 实现部门工作更为灵活、创新和协作。

（2）英国税务与海关总署（HM Revenue and Customs，HMRC）

英国税务与海关总署是根据2005年的国会法案成立的，用以取代原先的税务局和海关，其标志是一个圆圈包围的圣爱德华王冠。英国税务海关总署是英国的税收、支付和海关监管机构，负责管理和征收直接税，其中包括所得税和公司税，以及资本税，如资本利得税和继承税、间接税（包括增值税）、消费税和印花税土地增值税；环境税，如航空旅客税、气候变化税。其主要职责为：① 通过合规的执法活动来保障资金流向国库；② 确保资金到位，为英国的公共服务提供资金；③ 促进合法的国际贸易，保护英国的财政、经济、社会和人身安全，并收集英国的贸易统计数据；④ 管理法定报酬的支付，例如法定的病假工资和法定的产假工资；⑤ 通过税收的抵免政策，有针对性地为英国的家庭或个人提供帮助；⑥ 儿童福利管理；⑦ 以最简单、最集中、最有效的方式管理税务系统；⑧ 管理政府银行业务。

（3）国际贸易部（Department for International Trade）

国际贸易部的主要宗旨是通过促进和资助国际贸易和投资，支持自由贸易，来确保英国和全球的繁荣。其主要职责是：① 将政策、促进和金融专业知识结合起来，打破贸易和投资壁垒，帮助企业取得成功；② 在英国离开欧盟之际，为英国提供一个新的贸易政策框架；③ 促进英国在世界各地的贸易和投资；④ 建立全球对英国商品和服务的需求。

除了上述三个部门之外，英国外交部和出口信贷担保局也执行部分贸易工作。其中，外交部负责派遣商务外交人员，协同贸工部和国际贸易部，负责国外部分的促进出口工作。出口信贷担保局是企业性质的政府部门，其业务受贸工大臣和财政部的管辖，职能是帮助英国公司促进海外销售并控制投资风险，为英国项目和生产资料出口商提供拒付款保险、为对外投资提供政治风险的保险，以及为英国私营保险公司对出口的保险提供再保险。

3.2.2.2 英国行业协会

（1）英国零售商协会（British Retail Consortium，BRC）

英国零售商协会是一个重要的国际性贸易协会，其成员包括大型的跨国连锁零售企业、百货商场、城镇店铺、网络卖场等各类零售商，产品涉及种类非常广泛。1998年，英国零售商协会根据行业需要，制定了英国零售商协会食品技术标准（BRC Food Technical Standard），用以评估零售商自有品牌食品的安全性。目前，它已经成为国际公认的食品规范，不但可用以评估零售商的供应商，同时许多公司以其为基础建立起自己的供应商评估体系及品牌产品生产标准。

该标准发布后不久，很多其他行业的组织发现了该标准的借鉴价值，将其发展并沿用到各自的行业标准中。随着食品标准的广泛实行，英国零售商协会还发布了其他全球性标准，如消费品标准（Consumer Product Standard）、食品包装标准（Food Packaging Standard）等。在英国零售商协会食品技术标准取得成功以后，受英国国家政府的鼓励，英国的贸易团体还在继续相互合作，以期在其他方面取得进一步的一致和成就。这使得英国零售商协会其他标准相继问世。英国零售商协会全球食品标准包括四个标准：英国零售商协会全球标准——食品；英国零售商协会全球标准——消费品；英国零售商协会全球标准——食品包装；英国零售商协会全球标准——非转基因食品的身份保持。

英国零售商协会食品技术标准开始制定是为了满足欧盟常规食品安全立法机关的要求以及英国食品安全法案的需要。随着行业的发展，它很快被证明对英国零售商的供应者具有巨大的益处，随之是欧盟和全球范围的零售商。除此之外，英国零售商协会食品技术标准的使用者还扩展到公共饮食业。英国大多数大型零售商只选择通过英国零售商协会全球标准认证的企业作为供货商。大多数零售商会要求制造商提供英国零售商协会认证证书，并满足其零售客户的法律和质量要求。这是因为根据 1990 年的《食品安全法》，零售商要对自有品牌的产品及其品牌负有法律责任。

英国零售商协会全球标准的益处：统一的标准和协议，使评估工作可以由已经获得欧洲标准（ISO/IEC 指南 65）认证的检测认证机构承担。供货商只需要进行一次认证，就可以向所有接受本标准的客户提供供应商自己目前执行标准的状况。其标准覆盖面广，涉及所有与产品的安全性与合法性相关的内容，要求供货商和客户共同努力，互相监督。在评估条款中，对实时监控及对不符合标准之处的整改行动的跟踪与确认提出了要求。检测机构根据国际标准认证，当由其他国家提供产品货源时，这些检测机构提供的认证可以被广泛接受。

电子邮箱：info@brc.org.uk。

（2）英国伦敦工商会（London Chamber of Commerce and Industry）

英国伦敦工商会是独立于政府的非官方组织，它是伦敦地区最大的商业性协会，目前拥有会员 3 000 多家，其会员大多是伦敦地区或伦敦附近地区的工商企业。英国伦敦工商会在英国政界和商界均很有影响，被视作“伦敦商业的喉舌”。该商会可出具原产地证书、ATA Carnets、信用证、进口许可证等；还可向会员及非会员提供进出口业务咨询，组织出访代表团，接待国外来访代表团，组织境外展览会、国内外研讨会及提供翻译服务等。

英国伦敦工商会与英国贸工部、英国国际贸易局等联系密切，具有很强的游说作用，对英国政府经贸方面的政策措施有很强的影响力。

英国伦敦工商会下设出口单证、国际贸易、政策研究、信息中心、营销、信息技术、会员、财务等部门，组织机构庞大，实力雄厚。该会为非营利性组织，其活动经费及日常开支来源于会员所缴纳的会费，每年其会费收入约 700 万英镑。

（3）中英贸易协会（China-Britain Business Council，CBBC）

中英贸易协会的历史可以追溯至 20 世纪 50 年代。英国公司在全世界范围内较早同中国进行贸易。中英贸易协会的前身“48 家集团俱乐部”和中英贸易委员会与中国高层领导建立了联系，维系了中英贸易往来。依靠坚定的先驱精神，英国企业在 20 世纪 80 年代中国进行改革开放之际准确把握了市场机遇。

48 家集团俱乐部和中英贸易委员会在 20 世纪 90 年代完成了合并，并最终建立了中英贸易协会。随着中国与英国的经济关系日益密切，中英贸易协会在帮助英国企业拓展中国商机的过程中所发挥的作用也日益重要。中英贸易协会的董事会成员来自商业界与中国联系密切的企业高级管理人士。他们代表了广泛的商业行业利益，致力于服务大型企业与众多中小企业。董事会成员将在中国行商的专业知识带入中英贸易协会。英国贸易与投资署、外交与联邦事务部的高级代表在董事会中充任观察员。

1953 年，“破冰之旅”一行商业精英代表 16 家英国企业，同中国签署了首批商业协议。1954 年，破冰者集团的成员数目增加至 48 家企业，由此形成了“48 家集团俱乐部”。半官方的中英贸易委员会于 20 世纪 50 年代初宣告成立，该组织后来成为中英贸易理事会。中国首次向英国派出代办，标志着朝鲜战争之后两国关系的重大进展。1963 年，约翰·凯瑟克爵士成为中英贸易委员会主席，在长达十年的任期中他多次访问中国。1972 年，中英两国恢复全面外交关系。1973 年，中英贸易委员会主席约翰·凯瑟克爵士在北京与周恩来总理会晤。中英贸易委员会在北京举办英国工业技术展览会。1975 年，中英贸易委员会在上海举办英国机械与科技设备展览会。

1991 年，英国贸易与工业部促成 48 家集团俱乐部与中英贸易委员会合并，形成中英贸易集团（China-Britain Trade Group，CBTG），该组织后来成为中英贸易协会。中英贸易集团的成员数目在六个月内增加到 100 家企业。1998 年，中英贸易集团更名为中英贸易协会，这反映了协会在促进贸易、商务与投资等领域活动的多元化。鲍威尔勋爵成为中英贸易协会主席，并陪同托尼·布莱尔首相访问中国，在此期间中英两国签署了联合宣言。

联系方式：

地址：英国，伦敦，布雷森顿广场，波特兰大厦 3 楼

邮箱：enquiries@cbbc.org

网址：www.cbbc.org

3.3 英国进口管理制度

3.3.1 进口关税

将货物进口到英国有不同的规则，这取决于货物是来自欧盟还是其他地方。虽然英国最近投票决定退出欧盟，但这一进程尚未真正开始，目前（在可预见的未来），进口规则保持不变。

从欧盟境外进入英国的货物应支付进口税。在大多数情况下，从欧盟境内进口的货物不须缴纳进口关税。在这种情况下，它们被正式称为采购而非进口。

（1）从欧盟进口

当从欧盟成员国进口货物时，可以免除关税和通关手续等，但前提是需要证明货物确实来自欧盟成员国。如果商家进口是这种情况，须提供相关文件来证明这一点，并且这些证明文件需要与货物同行。

另一种可能的情况是，进口产自欧盟以外的国家，但是通过欧盟国家运往英国。在这种情况下，需要在货物首次进入欧盟时支付关税。如果商家进口是这种情况，则需要在欧洲各地运输时始终保留并持有货物支付初始进口税的凭证或证明文件。

如果货物来自欧盟内部，或已经在欧盟其他地方缴纳税款，那么它们就是欧盟内部交易，被描述为在欧盟内部“自由流通”。在这种情况下，通常不需要支付进口税，但仍需要有商品代码，用于商品分类，以便征收税收和进行监管。英国政府网站上的可以搜索、检查进口商品代码。

通常，从欧盟运输货物无需进口许可证。但是，在某些受管制的范围，如枪支等，进口许可证仍然必要。

（2）从欧盟以外进口

如果从欧盟以外进口，将需要一个由英国政府颁发的经济运营商注册和识别（Economic Operators Registration and Identification，EORI）编号。该号码是欧盟国家内凡是有经济活动，特别是有进出口生意的企业必备的一个登记号。需要在企业所属国海关登记获得该号码，在全欧盟通用。获得此登记号码最多可能需要三天时间，并且需要在货物清关之前完成。注册流程略有不同，具体取决于其企业是否已注册增值税，但可以在线完成。

商品须有商品代码（欧盟进口商品代码），进口时向海关申报。通常货运代理商会可以帮助完成此操作。如果要进口受限制的货物，则可能需要许可证。

通常需要支付从欧盟以外进口到英国的货物的进口关税（有时还包括增值税）。确切的应付金额取决于进口货物，以及它的原产国。

进口关税和申报程序的规则很复杂。英国政府的关税通告描述了申报应付税款的过程。实际应付的关税可能会有所不同，具体取决于货物、货源、价值以及使用方式。有些商品是免税的，包括书籍，软件和一些移动设备，而有些商品则会因原产国不同而采用较低的“优惠”税率。

企业通常使用货运代理或专业进口商的服务，这样可以保证正确支付关税或增值税。企业如果自行处理申报和支付进口税，须先熟悉英国政府的法律指南。

3.3.2 增值税

在英国支付增值税（或进口税）须使用英镑。因此，即使已使用其他货币付款，也需要知道货物使用英镑核算的价值。英国税务与海关总署使用一组汇率，每月进行审核并重新发布，在计算增值税成本时须使用这些汇率。

（1）从欧盟进口

如果是从欧盟内部进口，尽管货物是自由流通的，但仍需要将其价值添加到增值税申报表中。对于任何需要缴纳增值税的进口商品，需按英国税率缴纳增值税。目前增值税率是20%。但是，在某些情况下，可以申请增值税返还，例如，进口商业用品。

如果要进口服务而不是商品，那么此处也适用增值税规则，需要在增值税申报表中包含增值税金额，但在大多数情况下会将其退回。某些类型的服务有不同的规则，例如交通和餐饮。

（2）从欧盟以外进口

从欧盟以外进口的货物的全部价值应支付增值税。这意味着必须将货物成本转换为英镑，然后加入与其进口相关的任何其他成本，例如，已支付的税款和保险费用。然后，直接向英国税务与海关总署支付全部增值税。

大多数商品的增值税保持在20%的税率，但也有一些例外。例如，可以支付较低的艺术品或古董进口费率，以及可以申请增值税退税的商业用品。

从欧盟以外进口的服务不征收增值税。

3.3.3 最低门槛

包括英国在内的所有国家都设定了最低门槛，低于该门槛时可不支付关税（在某些情况下为增值税）。由于最低门槛设定较低，大多数企业支付的关税实际上都高于在英国的最低门槛。

最低门槛取决于进口货物的价值以及货物到达该国的方式。对于通过邮寄进口到英国的货物，价值低于 15 英镑的任何物品都不征收增值税或关税（除酒精、烟草和香水外，无论价值如何，都要缴纳增值税）。对于价值在 15.01 英镑至 135 英镑之间的产品，不适用关税，但在适当的情况下须缴纳增值税。对于价值超过 135 英镑的产品，应支付增值税和进口关税（如果总额低于 9 英镑，则免除进口关税）。上述费用仅适用于商业进口，而不适用于作为礼品或个人使用进口的商品。对于通过空运，海运或公路货运进口的货物，任何价值超过 18 英镑的货物都应纳增值税和关税。

3.3.4 发票付款

从国外支付货款时，将收到一张国际发票，该发票必须符合英国法律。例如，发票必须明确说明它是发票，并包括发货日期、商品明细以及供应商和购买者的详细信息。不同的商业文化有不同的发票惯例，但发票须符合英国的要求。

如果从欧盟进口货物，供应商须在发票上添加增值税。但是，如果要为从欧盟以外进口的货物付款，则无须在发票上添加增值税。这是由于货物进入英国时已直接支付给英国税务与海关总署。如果申请进口货物的增值税退税，则需要证明在进口时已支付增值税。

3.3.5 国际支付（外汇支付）

支付国际发票的最大问题之一是它可能会采用非英镑的货币收费。这意味着必须在付款时转换成现金，这可能会带来隐藏的额外费用，同时会增加不确定性，因为在收到并处理发票之前无法准确地确定商品的成本，也难以准确了解正在进口的产品的利润率，从而导致成本迅速增加。对于中小企业来说，找到最具有成本效益的方式来处理国际支付可能不是一个简单的问题。

企业通常认为支付国际发票的最佳方式是通过它们的常规银行，而银行则会向客户提供较差的汇率，以及增加管理费用来处理交易。

可以通过将银行提供的汇率与中间市场汇率进行对比来估算交易成本。通过谷歌或 xe.com 这样的网站很容易找到当前的中间市场价格。以中间市场的汇率与银行提供费率之间的差额，再加上中间的银行费用，两者之和就是国际支付的实际超支成本。

例如，英镑/美元中间市场平均价格为 1.266 4。然而，同期主要的英国银行平均提供 1.232 8 的利率。对于最近进口的商品，企业需要支付 2 000 美元的发票。

如果使用中等市场价格，英镑的成本为 1 579 英镑；如果接受银行的汇率，则为 1 622 英镑。在没有增加任何额外费用的情况下，该交易支出已经超过了 40 英镑。

3.4 英国出口管理制度

3.4.1 英国出口欧盟以外的货物

向欧盟以外的“第三国”出口货物必须支付海关要求的关税和增值税。

3.4.1.1 介绍

如果需将货物出口到欧盟以外的国家（称为“第三国”），则必须拥有相应的许可证，并通过国家出口系统（National Export System，NES）向海关递交出口报关单。此外，还必须确保在必要时支付目的地国家的增值税、进口税和关税，并遵循运输程序，尽管这通常是进口人或公司的责任。这里还有许多出口程序，例如可以使企业受益的税务减免计划。

3.4.1.2 出口增值税和其他税种

当出口标的国收到货物时，可能会征收相关税款，或者收取相当于增值税或购置税的费用。

（1）零税率商品

只要符合以下条件，通常可以对从欧盟出口的商品进行零税额评估：

- 确保在规定的时间内（通常为三个月）离开欧盟；
- 保持可信的离开证据；
- 从会计记录中保留足够的证据以证明交易已经发生；
- 保留出口的官方证据：从英国直接从欧盟出口货物的货物离境信息（直接出口），或通过其他成员国离开欧盟的货物（间接出口），出口随附文件（Export Accompanying Document，EAD）必须在最后一个离境成员国的海关盖章，证明货物离开欧盟。

最终，增值税待遇将取决于是在直接还是间接出口货物，组织交货时以及客户安排收货时。

（2）常规农业政策（Common Agricultural Policy，CAP）

如果出口 CAP 所涵盖的加工食品或农产品，若有权获得退税或需要缴纳税款，则还须申请许可才能将某些商品出口到规定数量以上。

（3）原产地规则

即使客户负责在目的地第三国支付货物税，也需要提供正确的文件。第三国可能有进口关税制度，但在某些国家，出口可能有资格获得减税或被归类为免税，则需要提供产品来源的证据。

（4）关税

英国综合税务（关税）报告是英国税务与海关总署官方进出口税和关税的指南。关税报告包含进出口文书工作所需的代码和海关要求。（通过访问在线英国贸易关税工具网站，可以查找适用于进口和出口的商品代码和其他措施。）

最终，第三国的关税取决于出口的商品类型、来源和价值，所有这些都可能根据目的地国家改变而发生变化。除了关税之外，还可以向英国贸易投资总署或目的地国家查询要缴纳的税款以及出口商或进口商是否有义务支付这些税款。

3.4.1.3 出口许可证和其他控制

部分商品的出口受到控制，可能需要申请许可证或遵守特定法规。具有潜在军事用途的武器和其他货物和技术可能需要商业、创新和技能部（Business，Innovation and Skills，BIS）的出口许可证。如果货物要通过多个国家，那可能需要为每个过境国家提供许可证。即使出口到另一个欧盟国家，所有军事控制物品和一些高度敏感的军民两用物品都需要许可证。此类商品可能会受到制裁或禁运，全部或部分禁止向指定的第三国出口。

对于不太敏感的受控双重用途商品，如果在欧盟境外运输，则需要获得许可。控制也适用于货运代理（包括仓储和运输）以及军民两用货物的运输。此外，在海外国家之间以战略性控制货物在英国境外进行贸易的英国国民可能需要通过英国获得贸易管制许可。对受制裁国家的出口则有更广泛的限制。可以在出口管制组织（Export Control Organisation，ECO）指南中找到关于制裁、禁运和限制的指导，以及有关战略出口管制的内容。

农产品和加工食品通常需要农村支付机构的常规农业政策许可。出口有价值的古董和艺术品可能需要获得艺术委员会出口许可司的许可。欧盟以外的危险化学品出口可能需要事先通知健康与安全执行局（Health and Safety Executive，HSE）和国际清算银行。每年交易超过一吨化学品的企业必须在位于赫尔辛基的新的欧盟化学品管理机构（Registration，Evaluation，Authorisation and Restriction of Chemicals，REACH）注册。在货物到达目的地之前，动物、肉类和植物可能需要来自英国各政府机构的许可和健康检查。其他受出口管制或许可要求限制的产品包括药品和受管制药品及其生产中使用的化学品。从欧盟出口的毛坯钻石，出口废物和某些鱼类，可能会受到禁令或配额限制。行业协会可能会就适用于产品的出口管制提供建议。

3.4.1.4 出口申报

当将货物运出欧盟并意图永久性地出口这些货物时，必须首先通过国家出口系统（NES）提交电子出口申报单，这是英国税务与海关总署进出口货物海关处理（Customs Handling of Import and Export Freight，CHIEF）系统的一部分。例外情况下，称为C88/ESS的书面出口申报可用于例如乘客随身行李或车辆（行李中的商品）中携带的商品。

通常不需要为在欧盟境内销售的货物进行出口申报。特殊情况，例如向国际组织的销售，被视为对特定欧盟领土的出口。

当将货物从欧盟出口到第三国时，通常可以为货物申请零税率的增值税。

直接出口是指从英国出口到欧盟以外目的地的货物。英国是最终出口的海关办事处。间接出口是指从另一个成员国离开欧盟的英国出口货物。英国是离境海关，另一个成员国是最终出口海关。根据现行欧盟立法，间接出口必须附有出口海关的出口随附文件。海关的出口随附文件包含货物托运的主要参考编号（Master Reference Number，MRN）和条形码，必须在离开欧盟之前在出口海关处出示。

联盟海关法（Union Customs Code，UCC）自2016年5月1日起生效。根据联盟海关法，当出口海关为间接出口时，出口商只须提供出口申报的托运主要参考编号（MRN），而不需提供纸质的出口随附文件。

3.4.1.5 通过欧盟将货物运往非欧盟国家（间接出口）

间接出口即通过欧盟国家或地区向第三国目的地出口货物，需要特殊程序和文书工作。根据现行法规，间接出口由出口管制系统（ECS）控制，该系统是2009年7月实施的欧盟范围内的系统。间接出口（无论是空运、海运还是公路运输）必须附有一个有货物编号（MRN）的出口随附文件（EAD）和条形码，可以在货物运出欧盟之前在最后一个成员国的出口处扫描。

联盟海关法（Union Customs Code，UCC）于2016年5月1日实施后，只需要在出口海关处出示出口申报的货物编号。

英国对间接出口的处理通常取决于其最终目的地：

- 如果要出口到欧盟以外的国家，必须完成出口申报，即使货物最初是通过另一个欧盟国家发送的；
- 出口到欧盟以外的客户的货物即使是来自其他欧盟国家也可以对增值税进行零评级，但需要证明货物实际离开欧盟。

在欧盟以外的地区出口时，即使货物来自其他欧盟国家/地区发货，也必须完成出口申报。间接出口必须在离开英国之前“抵达” CHIEF。“抵达”是通过出口声明向海关提交货物的技术术语——一旦完成此阶段，CHIEF 将允许进行货物通行。不遵守规定可能导致其他国家的麻烦，甚至拒绝或退货。在 2016 年 5 月 1 日实施联盟海关法之前，出口商还必须打印 EAD 随附货物一起运输；但实施之后，只需要在海关出示出口申报的货物和货物编号。

根据最终目的地，可能需要满足其他法规并获得相应的出口许可证。如果能证明货物已经出口，间接出口只能为增值税零税率评级。

在英国，以电子方式提交给 CHIEF 的出口申报将包括出口管制系统（ECS）要求的所有安全数据。因此，它是一项“综合”申报，将合并财政和 ECS 安全数据到英国出口申报中。在英国，无须向 ECS 提交单独的安全信息，CHIEF 会将相关数据传递给欧盟的 ECS 系统。一旦 CHIEF 接受申报，将发布 MRN。这可以用于跟踪在欧盟内部的运输直至出关，并且出关时必须通过扫描退出，与 MRN 相关的条形码在 ECS 系统上“关闭”。

2009 年生效的安全立法规定了在出境时间之前递交出口申报的最短时限。2016 年 5 月 1 日之前的立法时限如下：

- “远海”集装箱货物，至少在货物装载前 24 小时；
- “近海”集装箱货物，至少在离港前两小时；
- 空中交通，离机场起飞前至少 30 分钟；
- 铁路和内陆水域交通，至少在出发前两小时；
- 道路交通，出发前至少一小时；
- 在出发前至少 15 分钟为船舶和飞机提供物资。

自 2016 年 5 月 1 日起，联盟海关法（UCC）立法的时限为：

- “远海”集装箱货物，最迟在货物装载前 24 小时；
- “近海”集装箱货物，最迟在离港前两小时；
- 最近 2 小时前非集装箱货物；
- 空中交通，最迟在机场出发前 30 分钟；
- 公路和内陆水域交通，最迟在出发前一小时；
- 铁路交通，最迟在出发前两小时。

如果提供出口申报，将获得保障，但如果没有以通常的方式申报货物，则必须填写退货汇总申报。

3.4.1.6 减免税

如果货物在特定条件下出口，企业可以申请减免、退还或延迟支付各种关税和增值税。以下是常见的减免关税类型，以及相关的说明。

（1）来料加工（Inward Processing，IP）

企业使用来料加工的方式从欧盟境外进口待加工货物，经加工后再出口到欧盟境外，或在欧盟自由流通，以促进欧盟的销售。对于进口加工后再出口的货物，关税和增值税可退还，只有在货物进入自由流通的情况下才须支付相应的税金；支付的关税可以基于进口货物的价值或最终产品的价值。

企业须保存进口来料加工的所有货物的相关记录，时限为货物出口或处置后的至少四年。记录包括：

- 货物的性质和数量；
- 来料加工货物进口的时间和地点；
- 货物存放地；
- 货物出口或处置的时间和地点；
- 货物加工程序以及加工地点；
- 如何在加工产品中识别知识产权商品；
- 可以核算生产率的相关生产数据；
- 申报授权。

来料加工需要获得英国税务与海关总署的授权。每次出口来料加工货物时都需要填写出货单。

（2）对外加工减免（Outward Processing Relief，OPR）

对外加工减免允许欧盟企业暂时从欧盟出口货物，在第三国（非欧盟）进行加工或修理，然后在货物重新进口时申请全额或部分关税减免。

对外加工减免允许企业仅支付于第三国加工货物而形成的增加值部分的进口关税，而不是货物的全部价值，但需要申请获得英国税务与海关总署的授权。申请授权需要在第一批货物出口前至少一个月（如果申请的授权涵盖多个成员国，则为两个月）。提出申请后，英国税务与海关总署进行审核，可能会现场走访，过程大约需要30个工作日。随后发布授权号码，并注明授权期限。

在授权到期后，相关所有记录须保存四年，并且这些记录须可根据要求进行检查。记录须包括：

- 货物名称及种类；
- 出口时间及地点；
- 对货物进行哪些处理；
- 加工后产成品名称；
- 计算免税额所需的信息；
- 重新进口的时间及地点；
- 生产加工的成品率。

（3）临时入境（Temporary Admission，TA）

企业如果将样品、专业设备或拍卖、展览或展示物品等临时进口到英国，可以申报为临时入境（TA），不须缴纳关税或进口增值税。

企业必须在货物首次使用的欧盟国家获得临时入境授权。在英国，通常可以在进口时提交授权申请。在符合条件的情况下，授权贸易商可以就暂时进口供欧盟使用的一系列货物申请减免关税、CAP 费用、反倾销税和反补贴税，前提是货物在欧盟境外再出口。

企业通常必须提供一份与进口货物通常应缴纳的关税和进口增值税金额相等的担保。担保可以是现金存款或银行担保。正规进口商可以提交一份随货物进出口贸易协定而调整的单一担保。

企业可以通过提供具体证据来收回担保，需要证明货物已重新出口、转移到另一个授权的贸易协定贸易商或向另一个海关程序申报。

（4）继续供给减免（Onward Supply Relief，OSR）

如果英国增值税登记的贸易商想要对从欧盟以外进口的货物免征增值税，同时这些货物的最终目的地是欧盟国家（而非英国），可以申请继续供给减免（OSR），即只在进口国（英国）支付关税，增值税在目的地国家进行核算。其条件如下：

- 只有在英国注册增值税的贸易商才能申请减免；
- 减免不能投机使用（就是说，货物进口时必须已有顾客购买）；
- 货物须在进口之日起一个月内转移到另一个成员国；
- 待加工的货物不得享有该减免：进口报关单上必须显示目的地成员国收货人的名称、地址和增值税登记号。

任何进入英国 OSR 程序的货物必须符合 OSR 的所有条件。

3.4.1.7 优惠贸易协定

如果要出口到与欧盟签订优惠贸易协议的第三国，需要向客户提供产品来源的证明，以便在进口时支持优先权声明，通常需要填写 EUR1 表格。如果货物价值低于规定价值，可以在发票上包含原产地声明，也可以申请获得批准。因此，对任何有价值的货物，其发票都应包含相应的优惠原产地声明。

有些国家要求原产地证书表明货物来自欧盟，符合非优惠原产地规则。英国商会可以提供证书。

许多阿拉伯国家要求出口商在每批货物中提供阿拉伯–英国原产地证书。该证书必须由阿拉伯英国商会授权，该商会与英国商会合作，但需要有足够的时间来完成此过程。

3.4.2 在欧盟范围内调度货物

3.4.2.1 介绍

欧盟内部的调度相对简单，立法不会经常变化，但交易者必须跟上变化。例如，必须知道如何处理增值税，何时报告 Intrastat 统计的销售数据，以及货物是否需要获得许可或其他控制。

3.4.2.2 欧盟作为单一市场

欧盟成立后，成员国之间实现了货物、资本、服务和人员的自由流动，这使所有成员国的贸易商受益。实际上，这意味着大多数货物可以在没有特殊海关文件的情况下发送给欧盟其他成员国。当然也有例外，例如向国际组织销售的货物，以及受出口许可控制的货物，例如军用物品或 A 类药物等。

3.4.2.3 欧盟内部以及与其他贸易协定国家的增值税

如果向另一个欧盟成员国供应货物，这些销售在技术上称为发货或清货而非出口。

增值税注册企业在欧盟内部的调度不需缴纳增值税。这也适用于进口到欧盟的货物，这些货物在支付进口关税后已经放行，可以自由流通。但是，当向另一个欧盟国家（未在该国家注册增值税）发货时，通常须征收增值税。

欧盟内部自由流通的货物通常不需要向海关申报，但贸易商必须提供增值税发票，显示其客户的增值税登记号，并获取装运凭证。

（1）如何在欧盟范围内处理增值税

如果欧盟客户已注册增值税，并且可以提供有效的欧盟增值税登记号码：

- 销售可应用零增值税率；
- 增值税将在客户收到货物时在目的地国家到期；

● 必须保留文件，在发票上显示卖方和买方的增值税登记号码（使用正确的国家代码）；

● 必须按顺序编号销售发票；

● 还必须获得并保留有效证据，证明货物已在一定时限内从英国移除，以便能够实现零税率。

如果买家未注册增值税，或者无法获得增值税号，卖家必须收取英国的增值税税率。

（2）Intrastat 返回

欧盟内部的每个商业交易都必须按其增值税申报表申报销售额。如果商品销售额在一个日历年内超过适用的豁免限额，还必须每月提交 Intrastat 退货。每个与其他欧盟成员国进行增值税登记的商业贸易货物都有义务申报相关信息。所需信息量取决于其到达（购买或进口）或派遣（销售或出口）的价值。每年对 Intrastat 门槛进行审查，抵达时为 150 万英镑，派遣时为 250 000 英镑。发货或抵达低于此阈值的商品的企业只需要在标准增值税申报表中向其他欧盟成员国申报调度（销售或出口）的价值以及从其他欧盟成员国获得的到达（购买或进口）价值。

在欧盟内部免税门槛之外向欧盟派遣或抵达的企业还必须向英国税务海关总署（HMRC）提交月度补充声明（SD）。在 Intrastat 交付条款阈值 2 400 万英镑之上交易的大型企业还必须在其补充声明上指定交付条款信息。

根据向欧盟内部或欧盟以外的客户销售，增值税的处理方式也不同。

（3）国际贸易协定和自由贸易协会

欧盟还与非欧盟成员国签订了若干贸易协定。虽然土耳其仍然是欧盟的准成员，但与欧盟建立了关税联盟，因此英国的商品和服务出口市场相对自由。欧盟成员国的货物如果在欧盟境内自由流通（例如全额或关税），则可获得优惠待遇。土耳其遵循与欧盟成员国类似的海关程序。出口到土耳其需要海关文件，包括如果货物是自由流通的，在运输证书上称为 ATR 表格的优惠声明。

马恩岛是欧盟的一部分，是其与英国关税同盟和增值税协议的一部分。海峡群岛不在欧盟的财政领土内，而是海关领土的一部分。

对于在欧盟境内自由流通的货物，通常不要求向海峡群岛出口货物的出口申报，但贸易商必须使用按顺序编号的增值税发票。对于受控货物，仍然需要使用国家出口系统的出口申报单。建议交易者提供详细的商业发票。与向第三国的出口一样，贸易商可以在证明货物离开英国后收回增值税。某些商品受到限制，特别是农产品和化学品，例如，将干草和稻草（甚至包装材料）进口到泽西岛是违法的。

欧洲自由贸易联盟（EFTA）的四个成员国是冰岛、列支敦士登、挪威和瑞士。三个欧洲自由贸易联盟成员（冰岛、列支敦士登和挪威）属于欧洲经济区（EEA），将欧盟国家和欧洲自由贸易联盟国家联合起来进入内部市场。市场使商品和服务能够在开放和竞争的环境中在欧洲经济区自由流动。瑞士与欧盟有单独的贸易安排。

所有欧洲自由贸易联盟成员现在都享有与欧盟几乎相同的特权关系。欧盟和欧洲自由贸易联盟国家都是“共同过境公约”的签署国。其他签署国是土耳其、马其顿和塞尔维亚。出于交易目的，从欧洲自由贸易联盟和其他共同过境国转移到欧盟成员国的货物与欧盟成员国之间转移的货物的处理方式类似。

（4）欧盟内部发货的申报、职责和许可证

通常不需要为欧盟内销售的货物完成报关。也有例外，例如向国际组织和特殊地区的销售。

欧盟的自由流通原则允许欧盟生产的货物在欧盟境内转移而无须缴税。一旦完成所有进口手续并支付进口关税和任何其他海关费用，从欧盟以外进口的货物也可能有资格获得自由流通。这意味着此类商品可以像在欧洲共同体中生产的任何产品一样在联盟市场上销售。

某些类型的派遣物品，如武器和毒品，受到控制，可能需要出口许可证和其他适当的商业文书工作。

3.4.2.4 欧盟内部的消费税和退税

（1）消费税

消费税是HMRC对在英国购买、进口或生产的某些商品征收的税，这些商品包括：

- 啤酒，葡萄酒，烈酒和其他酒精饮料；
- 烃油（包括燃料和汽油）；
- 香烟和烟草。

（2）暂停执行

可以通过暂停运输货物来延迟支付消费税。停工税必须在其所在国家/地区正式批准的人员或场所之间发送。在英国，货物必须由HMRC批准作为消费税仓库的场所发送。如果货物处于自由流通状态，那就只能将货物暂停运送。需要这些商品是：

- 完全在欧盟生产；
- 进口到欧盟，所有进口手续和关税已经完成。

（3）消费税减免

可以申请退回已经发送到另一个国家/地区的货物的消费税，这些税款将不会在英国消费。要声明消费税的缺点，必须填写一份有意申请退款的通知。然后，必须在最短通知期内提供货物以供检查。意向期限通知结束后可以发货。最后，填写并提交带有支持证据的退税申请表。

（4）遵守 Intrastat

Intrastat 是欧盟范围内从增值税登记交易商处收集信息的系统，用于概述欧盟成员国之间的货物发送和获取。Intrastat 仅收集有关商品的信息，通常不包括服务。

欧盟内部的每个商业交易都必须在增值税申报表上申报其销售商品。如果销售额在一个日历年内超过免税额，还必须每月提交 Intrastat 退回，提供补充申报（SD）。每年审查 Intrastat 阈值，进口门槛为 150 万英镑，出口门槛为 25 万英镑。提交 Intrastat 申报的要求仅适用于增值税登记的交易者。

Intrastat 发布商品分类代码清单，必须在退货时使用这些代码（这些数字不得用于与欧盟以外的国家进行贸易，因为存在差异）。可以通过访问 Intrastat 分类命名法找到适用于 Intrastat 的进出口的商品代码和其他措施。

填写 SD 时，需要提供以下信息：

- 商品的商品代码；
- 英镑货物的价值；
- 净重量或货物的补充单位（取决于所使用的商品代码）；
- 交易的性质，例如销售；
- 货物的目的地；
- 代理人的详细信息；
- 如果交易超过交付条件阈值，交付条款详细信息，目前设置为 2 400 万英镑。

如果 Intrastat 退货延迟或不准确，可能需要支付罚款。

（5）禁止、限制和许可

通常不需要出口许可证从英国发往欧盟成员国。但是，某些商品的流动受到限制，包括化学品、军事和准军事商品，需要许可证。

适用于在欧盟内部发送的食品或农产品的许可或认证要求，在个别情况下，可能需要联系目的地国家的海关当局。从 2013 年起，特殊规则也将适用于提供通信和媒体服务的公司。

需要向政府部门查询个人许可要求。常见许可证包括：

- 需要许可证才能发运超过 50 年且超过某些财务门槛的某些文化利益对象，可以向艺术委员会的出口许可司申请；
- 发运活的动物和动物产品需要环境、食品和农村事务部许可证，也可能需要进行健康检查，濒临灭绝的动植物物种和由它们制成的产品需要国际贸易公约濒临灭绝的野生动植物物种许可证；

- 环境、食品和农村事务部控制臭氧消耗物质（ODS）的发运，包括制冷和空调产品，消防和泡沫吹制设备以及气溶胶和溶剂；
- 药品许可证；
- 受管制药物的许可证；
- 从第三个（非欧盟）国家抵达英国并正在前往另一个成员国的毛坯钻石许可证；
- 某些鱼类的发送需要获得欧洲共同体捕捞证书和再出口证书；
- 在欧盟境外移动危险化学品需要许可证；
- 根据 REACH 法规，每年超过一吨化学品的进口商或制造商必须向欧洲化学品管理局注册，并建立进入、属于或退出业务的每种化学品的清单；
- 亲自派遣枪支的许可证，除非携带枪支的旅行者拥有欧洲枪支通行证。

（6）战略军事和军民两用物品的许可证

所有军事控制物品和一些高度敏感的军民两用物品（即欧盟两用物品清单附件四所列物品）都需要许可证，即使货物被运往另一个欧盟国家。

欧盟两用清单作为英国战略出口管制清单的一部分在英国出版。这份受管制商品清单包括各种各样的两用商品，如激光、电信设备等。对于不太敏感的受控双重用途商品，如果在欧盟境外运输，则需要获得许可。控制也适用于两用物品的经纪（贸易），包括仓储和运输， 以及两用物品的运输。

两用产品根据其技术规格或性能进行控制。一般而言，只需要在欧盟以外的地方出口许可证。但是，即使出口到另一个欧盟国家，也需要许可一些高度敏感的物品，例如核材料。

当出口到另一个欧盟国家（称为社区内转移）时，商业文件需要明确说明出口到欧盟以外的项目是否受到控制。相关商业文件尤其包括任何销售合同、订单确认、发票或发货单；可能还需要军营货物经纪许可证。

3.4.2.5 联盟/公共交通程序

海关身份将欧盟境内的货物定义为联盟或非联盟货物。联合货物是指源自欧盟或从欧盟以外进口并自由流通的货物，即已完成所有进口手续并支付关税。这些货物通常不需要盟内运输（Community Transit，CT）申报。

但是，下面各项仍需要使用盟内运输来操作：

- 非联盟货物，从欧盟以外进口的货物，其欧盟关税的支付和进口手续的完成仍在进行中；

- 联盟和非联盟货物往返安道尔、圣马力诺和欧盟的“特殊领土”，如海峡群岛；
- 通过欧洲自由贸易联盟（EFTA）国家和通过“共同过境公约”的其他签署国的货物；
- 在欧盟内部还有其他运输货物的过境手续。

新的计算机化运输系统（New Computerised Transit System，NCTS）是整个欧盟和共同过境国家可用的系统，用于提交电子过境申报和通过一系列信息控制过境运输。

3.5 英国贸易协定

英国与非欧盟国家建立有强大的贸易关系网络。与欧盟以外的国家进行贸易可能会给企业带来挑战，因为距离远，外加语言和商业文化差异很大。但是，那也可以提供广泛的商业机会。在有障碍阻止进入海外市场的地方，英国政府试图通过自己的努力以及欧盟的帮助来解决这些障碍。在市场开放的情况下，它寻求支持欧盟通过 WTO 或通过双边贸易协定进行谈判，以获得具有法律约束力的承诺。

3.5.1 英国与英联邦的贸易关系

英联邦由 53 个国家组成，包括发达国家、发展中国家和最不发达国家，是个国家混合体。这些市场为所有行业的英国企业提供了大量机会，从农业到信息技术，可以竞标由发展中国家和最不发达国家援助机构资助的合同，还可以转包给与英联邦国家进行交易的大型企业。

英国与英联邦关系密切，英联邦秘书处在伦敦。欧盟也与英联邦国家关系密切。

英国和英联邦就减少贸易壁垒的一般好处达成一致，但英联邦致力于确保发展中国家，特别是最不发达国家和小国，而不会不公平地接触来自较大或较富裕国家的贸易竞争。

英联邦为其成员国（包括英国）提供优惠贸易准入。英联邦国家也是若干区域贸易集团的一部分，包括：

- 北美自由贸易协定；

- 非洲、加勒比和太平洋国家，与欧盟签订贸易和援助协议；
- 非洲联盟；
- 东南亚国家联盟；
- 亚太经济合作组织；
- 美洲自由贸易协定。

欧盟和英国与这些组织的大多数签订了贸易协定。

3.5.2 英国与美国的贸易关系

美国是英国对外直接投资（Foreign Direct Investment，FDI）的最大目的地，占英国对外直接投资总额的20%；同时，美国也是英国的首要投资来源，占2017年英国外国直接投资流入总量的26%。作为彼此经济中最大的投资者，英国已经在美国的经济中投资了7 000多亿英镑。

目前，英国正在与美国积极协商双方自由贸易协定，这对他们彼此都有重大意义。美国是英国在欧盟以外的最大贸易伙伴，2018年英美贸易额为1 910亿英镑，占英国出口总额的近五分之一。目前，美国每年对英国出口征收4.51亿英镑的关税。因此，消除与美国的贸易壁垒可能会为其带来巨大收益，尤其是对与美国进行贸易的英国众多的中小企业而言，这将为其带来发展机遇。从英国政府的分析显示，与2018年相比，从长远来看，英美自贸协定可能使两国贸易增加153亿英镑，使英国工人的工资增加18亿英镑，并降低从美国进口的主要消费品的价格。根据英国政府的评估，与美国达成自由贸易协定，可以为英国的每一个地区带来重大而持久的经济推动。

3.5.3 英国与加拿大的贸易关系

英国是仅次于美国的加拿大第二大贸易伙伴。政府联系是双边的，也可以通过英联邦和欧盟进行。

与加拿大交易有很多好处，没有语言差异，商业文化也很相似。在加拿大也已经建立了许多英国企业。

如果出口到加拿大，英国产品将受益于联邦协议下的优惠关税。这种市场准入有利于英国企业，并使其优于其他欧盟国家。加拿大和欧盟目前也正在就一项全面的经济伙伴关系协议进行谈判。

科学、技术和临床研究是英国和加拿大贸易中特别强大的领域。其他机会存在于广泛的领域，从石油和化学品到工程和媒体服务。

3.5.4 英国与北美自由贸易协定区的贸易关系

在北美自由贸易协定（North American Free Trade Agreement，NAFTA）的每个市场——美国、加拿大和墨西哥，英国企业有很多机会。英国与这三个国家以及欧盟都有双边贸易关系。

英国已经与北美自由贸易协定国家进行了重要的投资和贸易，开始交易简单且经济有效。此外，由于北美自由贸易协定国家的目标是增加应对气候变化的措施，环境业务也有新的机遇。

北美自由贸易区是一个复杂且高度整合的区域市场，自 1994 年北美自由贸易协定启动以来，大量制造业已迁至墨西哥。这导致墨西哥的繁荣和消费市场的发展。

北美自由贸易区三分之一的贸易集中在汽车、能源和农业领域，这些领域受到当前经济危机的严重影响。北美自由贸易协定的好处不均衡，所涉及的所有三个国家都希望修改部分协议。

这三个国家还与其他国家签订了单独的双边自由贸易协定。墨西哥与欧盟签署了自由贸易协定，加拿大也正在为此进行谈判。美国和欧盟有自由贸易对话。

3.5.5 英国与亚洲和太平洋的贸易关系

英国政府与亚洲和太平洋各国建立了双边贸易关系，这种关系为英国企业在该地区提供了广泛的机会，从基础到高科技的产业和服务。一些贸易也是援助资金。

这些国家的范围从小型太平洋岛屿和孟加拉国等最不发达国家到中国、印度和日本等主要经济体。该地区还包括较小但复杂的经济体，如澳大利亚、韩国、马来西亚。

英国和澳大利亚、新西兰、中国、马来西亚和韩国最近进行了政府讨论。

英国还通过英联邦和欧盟参与与亚洲和太平洋国家的定期贸易联系。

英国与几个亚洲和太平洋国家签订了欧盟双边和区域间协议。其中最成熟的是与科托努贸易和援助协定的太平洋岛屿成员，但也有与中国和日本的对话。目前正与印度、东南亚国家联盟（东盟）和韩国谈判自由贸易协定，并与高加索中亚国家签订贸易和援助协定。

英国还通过欧盟参与区域间贸易合作和定期接触：

- 东盟；
- 亚欧会议；
- 亚太经济合作组织（APEC）。

欧盟委员会提供欧盟与亚洲及太平洋国家贸易关系的详细信息。

3.6 英国贸易习惯

英国是欧洲西部的群岛国家，面积24.4万平方公里，2016年英国人口总数约为6 564.8万人，其中英格兰人口占80%以上。主要宗教是新教和罗马天主教。

英国的国民特性与其文化背景密切相关。英国的经济发展较早，在大部分外国人的眼里，英国人“自命清高”和“难于接近”。但是，事实上也并非完全如此，他们之间善于互相理解，能体谅别人；无论办什么事情，总是尽可能不留坏印象，绅士风度处处可见。

3.6.1 英国的礼仪文化与禁忌

（1）职业感强是英国人的一大特性。选择了一种职业，就一定要让自己的业务精益求精。商务交往中，他们重交情，不刻意追求物质，不掂斤播两，一副大家的作风。对商务谈判，他们往往不作充分的准备，细节之处不加注意，显得有些松松垮垮。但英国商人很和善、友好，易于相处，因而遇到问题也易于解决。

（2）在英国，“外表决定一切”，与英国人交往要尽量避免感情外露。

（3）受到款待一定要致谢，事后致函表示谢意，更能引起注意，赠送小礼品能增加友谊。

（4）必须遵守信用，答应过的事情，必须全力以赴，不折不扣地完成。

（5）英国人讲究穿戴，只要一出家门，就得衣冠楚楚。他们往往以貌取人，仪容态度尤须注意。

（6）英国人待人彬彬有礼，讲话十分客气，“谢谢”和“请”字不离口。所以对英国人讲话，发邮件也要客气，不论他们工作和职位如何，都要以礼相待；请他们办事时说话要委婉，不要使人感到有命令的口吻，否则可能会使你遭到冷遇。

（7）在英国，“女士优先”的社会风气很浓。

（8）英国民族还是遵循传统的习惯，宜避免用“English”一词来表示“英国的”。如遇到两个商人，其中一个是苏格兰人或威尔士人，你说他是“英国人”，那么，他会纠正你说，他是“苏格兰人”或“威尔士人”，宜用“British”一词。

（9）在英国，服饰、香皂之类的物品涉及个人的私生活，不宜送人。白色的百合花在英国象征死亡，也不宜送人。其他的花都可送人。

（10）苏格兰威士忌是很通行的礼品，烈性威士忌则不然。

（11）由于宗教的原因，英国人非常忌讳“13”这个数字，认为这是个不吉祥的数字。如果 13 日又是星期五的话，则认为这是双倍的不吉利。

（12）商务活动在 2 月至 6 月、9 月中至 11 月最宜。圣诞节及复活节前后两周最好别去。

3.6.2 谈判礼仪

3.6.2.1 谈判时给英国客户留下的感觉

（1）英国人特别讲究绅士风度，善于与人交往，讲究交际礼仪。这不仅仅是英国人对自己的要求，对谈判对手修养与风度亦非常看重。

（2）不要以为英国思想开放，其实英国的等级观念很重，深入人心。所以，要求谈判的对方能够配得上自己，但不是派出的人员身份越高越好，而是要和对方身份对等，否则谈判也很难顺利进行。

（3）给英国客户留下积极认真的印象。在谈判前要作好充分的准备，不仅仅在于产品，而是要多方面的，因为英国人谈判比较灵活，对建设性意见反映积极。如果事先准备不够充分，事后往往会延迟交货或付款。

3.6.2.2 英国人谈判桌上的禁忌

（1）不要涉及政事和历史，特别是英国以及欧洲本土，并且称谓英国国家元首、领导人时一定要讲全名，比如英国女王的准确称谓是大不列颠及北爱尔兰联合王国女王。

（2）不能一直讲下去，因为英国人不会打断正在进行的谈话，但是，他被迫听时会失去兴趣，就算已然显得彬彬有礼，但其实内心已经不想取得合作。

（3）最好使用英式英语和其谈判，或者带上英式英语标准的翻译，切记不可出现美式英语的读音。

（4）一定要有耐心，英国人一般态度强硬，而且就算他们事先没有充足的准备，但还是会固执己见。所以，一次谈不成，可以安排多次谈判，千万不能急躁。

3.6.2.3 和英国人谈判的一些技巧

（1）争取主动权，控制好谈判时间，因为英国人是不会加班加点完成谈判任务的。

（2）替英国客户作好谈判前的准备，在谈判的时候注意从他们的角度出发给予引导。

（3）要用好迂回战术，凡事不能正面冲突。

（4）一定要签订严格细致的索赔条款，旨在得到保障，而且说不定就能得到一笔不小的赔偿金。

3.7 英国海关行政处罚规定

《2003年财政法案》（*The Finance Act 2003*）第24至41条引入了海关民事处罚（Customs Civil Penalties，CCP）的相关概念。这里有两种类型的海关民事处罚：民事逃避处罚和民事处罚。

海关民事罚款的法定条款载于：

- 《2003年财政法案》第3部分；
- 经修订的《2003年海关（违反有关规则）规例》；
- 经修订的《2003年出口（罚款）条例》。

法定文书包括进口和出口的时间表，并提供了可以使用海关民事处罚的各种海关法违法行为的详细信息。

英国税务与海关总署（HM Revenue and Customs，HMRC）负责推进和检查贸易商遵守海关规定的情况。此外，边境部队在可能发生违反海关法的港口和机场采取行动。边防部队还在船上采取行动，并进行边境检查，包括货运棚和邮政包裹。在进口或出口海关申报单上发现的任何错误都被视为违反海关法。

违反海关规定的措施包括：

- 违反海关规定；
- 未能遵守海关授权条款；
- 错误申报信息；
- 不遵守海关手续；
- 未能提供信息，以及未经许可从海关管制处清除货物。

如果发现违反海关法，英国税务与海关总署将自行决定采取海关民事处罚。采取的处罚行动取决于违规情况以及相关人员的合规历史或合规态度，相关选择是：

- 发出民事罚款警告信，概述违规行为的细节以及交易者为改善合规性而需采取的纠正措施。该信内容还包括：如果在两年内发生进一步大致相似的违规行为，海关会考虑签发民事处罚；
- 通过发出罚款通知立即申请处罚；
- 建议修改或撤销交易者的授权；
- 如果交易者对某个政权或流程不熟悉，请向交易者提供指导，并在书面指示信中予以确认；
- 不采取进一步行动。

但如果有合理的理由反对违规行为，海关不会发警告信或收取罚款。在考虑处罚行动之前，海关须通过提出适当的问题来确定违规者是否有合理的行动理由。如果在警告信或罚款通知发出之后，违规者提供了合理的理由，处罚将会被撤回，但违规者仍将收到一份书面指示信，被建议采取纠正措施以确保日后遵守规定。

即便被处罚，处罚者仍享有以下权利：

- 申述权

海关在发出罚款通知时必须遵守有关申述权（Right to Be Heard，RTBH）的相关规定，因为这些是对于被处罚者不利的决定。因此，在发出原因代码为230/530违规行为的警告信时，此警告信应包括有关申述权（Right to Be Heard，RTBH）的相关规定，并通知民事罚款的相关信息。

- 上诉和复审权利

一个人可以对海关提出的任何警告信，罚款或审查决定提出上诉。

海关还将根据有关违规行为的新信息重新考虑任何警告信或罚款，无论是在发出警告信或罚款通知之前还是之后。因此，积极申述，寻找合理理由解释是很有帮助的。

3.7.1 对侵权商品的扣查与抗诉

3.7.1.1 对侵权商品的扣查

涉嫌侵犯海关知识产权的货物：对于在运输途中或转运中发现的涉嫌侵犯知识产权的货物，理事会第1383/2003号条例允许在怀疑此类货物侵犯知识产权的情况下扣留货物，这包括过境货物和转运货物。

在英国没有在产品上注册专利，则不会在英国就该产品提起专利侵权诉讼。同样，没有证据表明通过英国的货物可能被放置在英国市场上，即使专利注册到位，也不可能怀疑存在潜在的专利侵权；因此，这些货物不得以此为基础予以扣留。

在过境货物被正式扣留之前，权利持有人可以获得基本信息，例如货物的假定性质、原产国或发货地点以及预定目的地，在此阶段不得提供名义数据（名称，地址等）。还应告知权利持有人货物已在运输途中被发现，以及是否有迹象表明货物可能在英国或整个欧盟市场上销售。这些迹象可能包括：未声明货物目的地的事实；缺乏作为制造商或货物发货人的身份或地址的准确或可靠信息；声明人缺乏合作；发现文件或通信表明货物有可能转移给欧盟消费者。

只有在权利持有人确认他们自己有能力通过适当的法院强制执行知识产权侵

权并且打算行使该权利的情况下才能正式扣留货物，如，他们可能希望利用拘留期来获取法律建议。如果权利持有人告知案件官员他们不愿意或无法提起诉讼，如果所有其他海关手续已经完成，货物将尽快被释放。

权利人必须提供证据证明已经启动法院诉讼程序，以便将拘留期限维持超过 10 个工作日。权利人可以要求延长最多 10 个工作日，但不应轻易批准，应附有权利持有人打算启动程序或第 11 条行动的声明，并附上解释为什么要延长时间。

第 11 条程序（见 2200）允许过境货物并寻求放弃货物的协议，这是从原始拘留通知延长最多十个工作日的可接受理由，并提供权利持有人确认这段时间是启动正式程序所必需的。

涉嫌侵犯海关知识产权的货物：非自由流通的货物，由海关监管存放或保管。

理事会第 1383/2003 号条例的规定不仅适用于在外部边境发现的货物，也适用于海关监管下的货物，例如可能位于内陆地点的经批准的仓库或储存设施。

在履行职责期间，英国税务海关总署的工作人员遇到欧盟境内没有自由流通的货物，若怀疑侵犯了知识产权，将暂停释放这些货物或扣留这些货物，并联系知识产权执法（Intellectual Property Rights Enforcement，IPRE）进一步咨询。如果情报表明海关仓库中可能存在可疑货物，则 IPRE 将与相关控制人员联系并安排采取适当行动。

3.7.1.2 查扣抗诉

英国税务海关总署的工作人员将以合理的方式帮助交易者获得他们的权利，并了解并履行欧盟和英国的税法和义务。为了做到这一点，HMRC 须与进口商和出口商充分合作，提供所有必要的信息，以此为基础，就税务和税收的责任或减免提出建议和决定。

（1）要求向英国税务海关总署提出裁决

虽然对法律的解释最终是法院的事情，但英国税务海关总署将为进口商或出口商在为自己决定此类事项时遇到困难的货物提供有约束力的关税信息（Binding Tariff Information，BTI）。它是根据《共同体海关法》[理事会条例（EEC）第 2913/92 号）及其实施条款（委员会条例，EEC 第 2454/93 号）] 提供的。有约束力的关税信息的决定是以书面形式作出的，并且在整个欧盟范围内有效期为六年，但不会有任何变化使其与随后的欧盟立法或解释不相容。

有约束力的关税信息裁决的请求可以通过电子 BTI（eBTI）表格提交给关税分类服务，该表格可通过政府网关访问。在注册政府网关之前，需要获得经济运营商注册和识别（EORI）号码，还需要商业邮政编码，并提供绑定原始信息。它是由产品优惠或非优惠状态的原产地决定。自发行之日起三年内，BOI 的裁决在整个欧共体内具有法律约束力。原始信息的法律规定也包含在理事会条例（EEC）第 2913/92 号和（EEC）第 2454/93 号内。

① 海关的上诉

1994 年“财政法”对大多数海关事项于 1995 年 1 月 1 日起提出上诉程序。1994 年“财务法”列出了所有可上诉的事项。在发布不利的海关决定之前，英国税务海关总署将首先发出预先通知函，解释为何作出不利决定的原因。此预先通知（称为发言权）将给 30 天的时间，可以在此期间向英国税务海关总署提供有关相关决定的进一步陈述或提供进一步信息。在听取权利结束时，官员将发布他们的决定。

如果对此决定不满意，有两种选择：

第一种选择是由一名独立于执行决定的人员审查案件。必须以书面形式要求进行审查，并应说明不同意原始决定的原因。然后，审查官员将对决定进行正式审查，并在完成后以书面形式通知结果。

第二种选择是如果不想进行审核或者不同意审核结论，可以向独立的税务法庭提出申诉。仲裁庭由法庭服务部门管理，该部门是司法部的一部分，完全独立于英国税务海关总署。

从书面决定通知之日起，有 30 天的时间限制：

- 要求正式审查；
- 直接向仲裁庭提出上诉。

同样，从书面审查决定向法庭提出上诉的日期限制为 30 天。一旦要求进行审查，英国税务与海关总署有 45 天的时间进行调查并通知结果。这个时间限制可以通过双方协议延长。

② 消费上诉

1994 年“财政法”涵盖大多数消费税事宜，并从 2010 年 4 月 1 日起对上诉制度进行了修改。在考虑上诉之前，必须有书面的可上诉决定。该决定应解释上诉程序。如果对该决定不满意，有权审查与案件无关的官员的决定。如果审查结果不令人满意，可以向法庭服务处提出上诉。可以直接向法庭服务提出申诉，而无须审查该决定。但无法同时审查决定并向法庭服务处提出上诉。

时间限制：可以在上诉决定之日起 30 天内要求审查或致函审裁处，要求审理案件。除非已经同意延长时间，否则英国税务与海关总署必须在收到审核请求后 45 天内提供完整的回复。

③ 对命名委员会的提及：争议

在欧盟内部和协调制度（HS）公约下，存在通过定期召开命名委员会会议确保欧盟和欧盟内部和协调制度命名法统一适用的程序。成员主管部门之间尚未解决的分类差异被提交给委员会以确保达成协议。在欧盟内部和协调制度命名法的情况下，委员会的主要决定以修订术语，解释性说明或分类意见的形式发布。欧盟内部的决定以欧洲共同体官方公报（L 系列）中的委员会条例的形式公布。

④ 通知纠纷

进口商或出口商意识到欧盟内外对其货物进行分类处理的差异，应首先向 HMRC 提出建议。写信地址为：

英国税务海关总署（HM Revenue and Customs, HMRC）

东 10 楼

Alexander House

21 Victoria Avenue

SS99 1AA

（2）其他措施

① HMRC 的审判员

如果对 HMRC 达成的决定不满意，可以要求审裁官调查案件。审裁官的服务是免费的。审裁官是公正无偏见的裁判，其建议独立于英国皇家税务与海关总署。可以通过电话联系仲裁员：03000 571 111（可提供打字机设施），或访问仲裁办公室网站。

② 议会监察员

可以随时要求国会议员将投诉转交给议会监察专员。申诉专员独立于政府，也可以考虑有关审裁官办公室的投诉。有关议会监察员的进一步信息，请联系议会行政专员：

电话：0345 015 4033

电子邮件：phso.enquiries@ombudsman.gsi.gov.uk

3.7.2 对偷漏税的处罚

在任何 HMRC 调查结束时，如果被要求追加税，那么同时将被处以罚款，调查处罚可以达到应缴税额的 200%。

英国皇家税务与海关总署将查看税收少缴的原因以及到期金额，这将决定应支付的罚款。这主要将偷漏税的原因分为四类：错误或误解、没有采取合理的谨慎措施、故意低报税额，以及故意低报税额和隐瞒。

（1）错误或误解

如果犯了一个导致税收不足的真正错误，那么英国皇家税务与海关总署将把这些视为无辜的错误，从而会将其视为无效错误。如果可以证明错误是无辜的并且不典型，则可能没有 HMRC 对无辜错误的处罚。在这种情况下，可能不会收取罚款。

（2）没有采取合理的谨慎措施

如果纳税人犯了一个不小心的错误，例如未能完成部分纳税申报表，忘记填写退货的补充页面或不申报部分收入。这将被视为未能采取合理的谨慎措施。这不包括基本算术错误。对未能采取合理谨慎的 HMRC 调查处罚被视为中度犯罪，罚款最高可达到应缴税款的 30%。

（3）故意低报税额

英国皇家税务与海关总署故意低估税收是一种严重的罪行。这是纳税人为了经济利益而明知故意地从纳税申报单中遗漏信息（或收入）的时候。如果纳税人故意过度夸大开支或津贴使他们受益，这也适用。以上都是税务欺诈，因而将被处以高达 70%的罚款。

（4）故意低报税额和隐瞒

可以收取的最严厉的处罚是在完成纳税申报表时故意误导 HMRC，然后采取措施隐藏或试图隐藏欺诈行为。这可以通过销毁相关文件，将钱转移到秘密银行账户以及创建或修改虚假合同或发票来完成。这种欺诈行为非常严重，可能会导致高达 200%的罚款。

3.8 英国税制

英国的税制不容易向外国人解释。自 2009 年以来，英国拥有世界上最长的税码。然后，国际法律研究公司 LexisNexis 透露了他们的发现，即自 1997 年以来英国税法规模增加了一倍以上，达到 11 520 页。每年税收和关税的变化形成了一项名为“金融法”的法律，该法可能会改变主要税法中规定的税率和原则。

英国的税收通常涉及向中央政府机构英国税务与海关总署（HMRC）和地方议会付款。地方议会从企业收取所谓的商业税率和家庭的议会税。

英国政府的最大收入来源是个人所得税。第二大来源是国家保险金缴款，相当于中国国内的五险一金；第三大是增值税（VAT）；第四大是企业所得税（也称公司税)。1842 年拿破仑战争期间首次引入所得税,并于 1842 年重新引入所得税。公司是所得税制度的一部分,直到 1965 年公司税被引入时为止。在 1979－2007 年间,个人所得税基本税率从 33%下降到 20%。时任首相撒切尔夫人特别支持这种做法,她赞成间接征税和减少政府支出。

1940 年至 1973 年的增值税的前身是购置税。1973 年初购买税率为 25%。1973 年英国加入欧洲经济共同体后,增值税标准税率从 10%提高到 2011 年 1 月的 20%。

3.8.1 税务年度,财政年度,会计期间和个人纳税年度

这些都是外国人在英国创业时遇到的不同条款。企业和个人的纳税年度不同。英国的财政年度从 4 月 1 日到次年 3 月 31 日。政府预算和税收法规遵循财政年度。公司的会计期可以是财政年度或历年或任何给定的 12 个月期间。英国的会计期通常是计算公司税的 12 个月期间。个人纳税年度从 4 月 6 日到次年 4 月 5 日。这个传统可以追溯到中世纪,它最初是建立在教会年的基础上的。

3.8.2 英国增值税的主要原则

英国的增值税由 1994 年的增值税法案和其他法案规定,例如制定年度增值税税率的财务法案。有三种增值税率:标准税率(20%)、减税率(5%)和零税率(0%)。此外,一些商品和服务免征增值税。

企业强制登记门槛为每个财政年度非增值税免税收入 83 000 英镑。远程销售进入英国的登记限额为 70 000 英镑。企业可能希望自愿注册,以便在增值税登记阈值通过前购买增值税。注册前已缴纳增值税的时间限制。在增值税登记日期之前,购买商品的期限为四年,购买服务的期限为六个月。

增值税申报表每三个月提交一次;这些时期被称为"增值税会计期"。这些季度增值税申报表只能在线提交。在英国税务与海关总署注册增值税时,企业可以选择增值税会计期间。尽管让合格的会计师这样做更安全,但可以在线提交增值税退税。

季度回报的提交和付款截止日期为一个日历月和增值税会计期结束后七天。必须注意的是,增值税会计期结束后的第二个月的第七天是英国税务与海关总署收到付款并不支付款项的截止日期。

3.8.3 英国公司税的主要原则

公司税由 2010 年公司税法和其他法规管理。有限公司和设有英国分公司或办

事处的外国公司必须缴纳应纳税利润的公司税。应税利润包括交易利润，投资和销售资产的应税收益。英国有限公司向其所有来自英国和国外的利润支付公司税。在英国设有办事处或分支机构的外国公司对其英国经营活动产生的利润支付公司税。

2019 年，英国公司税率为 19%。

有限公司必须在公司财政年度结束后九个月向 Companies House 提交年度账户。利润高达 150 万英镑的有限公司通常必须在公司会计期结束后九个月和一天内缴纳公司税，并在公司财政年度结束后 12 个月提交公司纳税申报表。对于超过 150 万英镑的利润，通常需要四次等额分期付款。

3.8.4 在英国的就业税

雇主必须通过一种名为 PAYE（Pay As You Earn）的系统从雇佣中扣除个人所得税和国家保险缴款。企业可能需要进行的其他扣减包括偿还学生贷款或养老金缴款。企业需要在英国税务与海关总署注册后，雇主或授权代理人（如会计师）才能登录 PAYE Online。即使代理人获得付款，雇主也有法律责任完成所有 PAYE 任务。非居民公司在英国拥有营业场所之前不能设立标准薪资计划。

企业必须在当月 22 日前向英国税务与海关总署支付 PAYE 账单，以支付上个月支付的所有薪水。一个月的定义不是一个日历月，而是一个月份的第六个日期和第二个月的第五个日期之间的一段时间。希望每月支付低于 1 500 英镑的小型雇主可以按季度支付。请注意，在向员工付款之前，必须将报告发送给英国税务与海关总署。

企业需要为每个员工每周收入超过 155 英镑的收入支付雇主的国家保险费。雇员的第一类国家保险有两种类型的捐款：主要捐款（也是雇员的国家保险）从雇员的工资中扣除，次级供款（雇主的国家保险）由雇主支付。两者都取决于员工的收入和国家保险类别函。该员工的国家保险费通常为 2016—2017 年纳税年度净工资的 12%。雇主的国家保险费通常为净工资的 13.8%，但有例外情况。

没有外包的养老金计划中的员工构成 A，B，C 和 J 类。外包工作场所养老金计划中的员工构成 D，E，C 和 L 类。大多数员工属于 A 类或 D 类。

必须注意的是，任何企业一旦成为雇主，就必须拥有雇主责任（EL）保险。保险单必须至少包含 500 万英镑的项目，并得到保险公司授权。如果员工因工作而受伤或生病，EL 保险将帮助企业支付报酬。

3.8.5 英国所得税的基本原则

个人所得税由2007年所得税法和其他法规管理。个人必须支付的所得税率取决于其收入在税收年度中的收入是否高于其个人免税额。当前纳税年度为上一年4月6日至本年4月5日。大多数人的个人免税额为每个纳税年度12 500英镑。这是所有英国居民的免税津贴。

对于个人应纳税收入超过个人免税额（12 500英镑）的部分，则须根据不同的税率缴纳个人所得税，即收入为12 501至5万英镑之间，个人所得税的基本税率为20%。当收入为5万至15万英镑之间时，执行40%的税率。收入超过15万英镑的这部分收入，则执行有45%的税率。苏格兰的税率与英国其他地区的有所差异。股息和储蓄收入有不同的税率。

对于外国企业家来说，重要的是要注意自雇独资经营者，商业伙伴合伙人和公司董事必须注册自我评估纳税申报表。一旦注册，通常会在4月份或5月份收到英国税务与海关总署的信函，最迟在1月31日之前发送纳税申报表。即使没有缴纳税款，也需要发送自我评估报税表。对于纸质报税表，截止日期是十月份的最后一天，网上纳税申报表是一月份的最后一天。任何税款的最后一次付款是在一月的最后一天。

3.8.6 商业利率

商业利率基于2012年地方政府财政法案和其他法案。商业利率也被称为非国内利率，是1990年在英格兰和威尔士推出的一种房产税。它是对非住宅房地产的占有税，自2010年以来增加了7%。租户如办公室和商店通常直接支付给地方议会，如果它不是支付给房东的租金的一部分。

所有非住宅物业用户均应向地方议会登记，即使房租包含商业房租。商业房价是以房地产占用为基础的，并不反映营业额或营业利润。如果一家外国公司计划在英国设立营业场所，在财务规划中考虑这一点很重要。

属于按应纳税价值（也包括RV）的全国评级列表，所根据的是假设对固定估值日期的年租金估值。这不是目前的市场价格或租赁协议中约定的价格。政府将下一次重估日期推迟至2017年，目前估值数据基于2010年的假设。

在2016/17财政年度，全国小企业利率救济率（SBRR）乘数为48.4%（0.484），标准费率乘数为49.7%（0.497）。地方议会可以在全国税率之上设置特别税（也称为商业税率补贴或BRS）。在大伦敦地区，BRS为2%（0.020）。

商业利率支付是通过将应税价值乘以政府设定的商业利率乘数来计算的。举例来说，在英格兰应课差饷租值 10 000 英镑的小型企业，每年须缴付 4 840 英镑或 48.4%的应课差饷租值作为地方税。

当地市议会将在每年的 2 月或 3 月向注册企业利率的企业发送发票。该发票是针对下一个纳税年度的。企业可能能够分 12 次付清账单。

小企业的应税价值低于 18 000 英镑（大伦敦为 25 500 英镑）。当其应税价值低于 12 000 英镑时，企业也可能获得进一步的商业利率减免。有时候这是自动的，但企业可能需要通过当地的理事会申请。

小企业主可能有资格通过政府的小企业利率减免计划（SBRR）

在英格兰，如果只有一个物业的应税价值低于 12 000 英镑（2016/17 年度），则可以获得小企业利率减免。物业的应税价值如果低于 6 000 英镑，将获得 100%的商业利率减免。这个百分比数字将从 100%的房价逐渐下降，应计价格在 6 001 英镑到 12 000 英镑之间。

房产在伦敦的入住率如果低于 18 000 英镑或 25 500 英镑，仍然可以获得小型企业资格。在这种情况下，商业利率将使用小型业务乘数来计算，而不是使用标准乘数。英国 2016—2017 年度小型企业标准乘数为 49.7%（0.497）。

家庭支付一种类似的税，称为议会税。18 岁以上的非全职学生，在英国租住或拥有房屋必须缴纳议会税。议会税是由当地议会征收的国内财产税。这笔钱用于支付当地的服务，如学校、垃圾收集、道路和街道照明。

第4章 英国金融环境

4.1 英国货币体系

英镑是英国及其领地的官方货币，也是世界上最古老的连续使用的货币。英镑源于古代历史。大约在公元 775 年，撒克逊王国发行了一种名为 sterling 的银币。当时，一磅银的重量可能与全衡镑（troy weight）的重量相等，含 240 银币。由于这个决定以银币为基础铸造硬币，市场参与者最终以“磅英镑”衡量大笔支付。后来，这种货币形式的用户将其缩减为“英镑”。

英镑是英国国家货币和货币单位名称，最常用于表示英镑的符号是 £，国际标准化组织为英镑取的 ISO 4217 货币代码为 GBP（Great Britain Pound），主要由英格兰银行发行。除了英国，英国海外领地的货币也以镑作为单位，与英镑的汇率固定为 1:1。由于历史因素，英国的货币法并不统一，而且极为复杂。在英格兰和威尔士，英格兰银行券为无限法偿之法定货币，而海峡群岛和马恩岛等各地方政府亦印行与英格兰银行券等值之纸币，亦为当地之法定货币。然而，在苏格兰和北爱尔兰法例中并无法定货币之说，因此所有该两地纸币实为英国铸币的兑换券。即使在承认法币的英格兰，所谓“法定货币”是指当债务人向法院以足额该等货币提存时，债权人不得声请债务人欠债，但对日常交易之币种则不加限制，因为认为那是合约自由。现时的英镑硬币一英镑等于 100 新便士。所有硬币正面皆为英国女王侧面像，背面除铸有币值外，在不同行政区所铸的硬币铸有不同的图案，但不论硬币于那个行政区铸造，皆全国通用。硬币分为：1 便士、2 便士、5 便士、10 便士、20 便士、50 便士、1 镑（铸造年限不同会有不同的背面印花，但正面一般是女王头像)、2 镑。英国纸币分为：1 镑（仅苏格兰)、5 镑、10 镑、20 镑、50 镑和 100 镑（仅苏格兰和北爱尔兰)。所有币值的纸币正面皆印有英国君主像、编号及币值，不同币值的纸币印有不同的英国名人像。

1 镑硬币

10 便士硬币

20 便士硬币

50 便士硬币

新版 10 镑塑料币（正面）

新版 10 镑塑料币（背面）

4.1.1 英镑与美元的汇兑

英镑与美元作为世界金融市场的主要货币之一，两者之间汇率的变动也从一个侧面反映了世界经济以及金融市场的变迁。图 4－1 给出了英镑与美元于 2012 年至 2018 年的汇率变动。英镑与美元汇率在 2012 年与 2015 年之间变化并不剧烈，基本上在1.5与1.7之间进行箱体震荡，但于2016年英镑汇率突然下降，这是由于 2016 年英国发生的一重大历史性事件——英国全民公投决定在欧盟的去留。“脱欧”公投投票于英国当地时间2016年6月23日举行，最终的计票结果，支持脱欧选民票数占总投票数52%。支持留欧选民票数占总数48%，最终以微弱优势决定退出欧盟，而时任首相卡梅伦也因此而辞职，这一事件轰动世界，震惊各界人士。

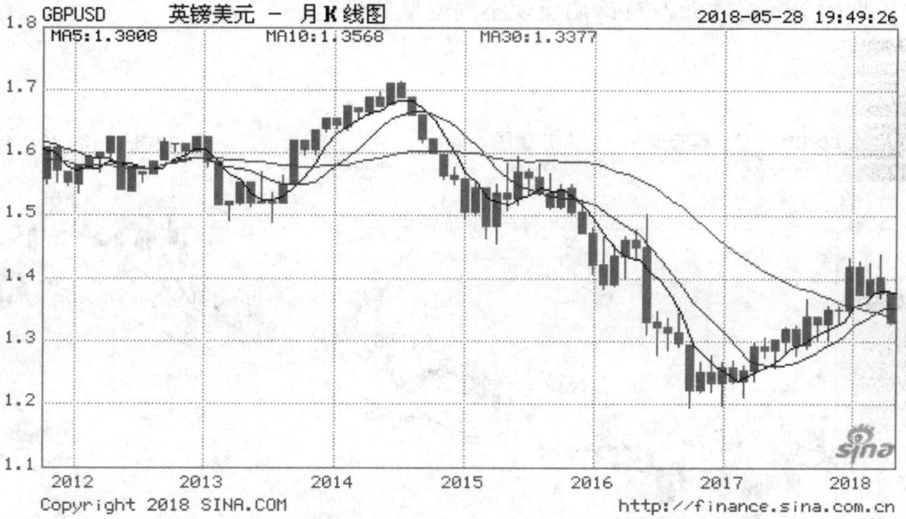

图4-1 2012—2018年英镑与美元汇率变动月K线图

英国公投前，包括英国财政部在内很多官方和业界机构都发表研究报告，都对英国脱欧表达了深切的担忧。英国作为原欧盟成员，其经济的长期发展主要得益于英国经济的不断开放、以及贸易和投资的支持。而这是英国享受的欧盟作为单一市场所带来的好处，这些好处已超过其作为欧盟成员国所付出的成本。未来，这些好处能保留多少并不确定。短期来看，脱欧后，英国将与欧盟和其他国家开启谈判，重新确定其与全球其他经济体在经济、政策、法律和监管架构方面的关系，由此产生的复杂和相互独立的协商过程，将带来非常大的不确定性和不稳定性，对经济发展和金融市场稳定将产生严重影响。贸易和投资的转移、经济政策的不确定性、金融环境波动的增大，将使英国经济的需求端和供给端都受到较大冲击打击，英国经济发展的不确定性将大幅提高。

英国公投脱欧不仅给英国自身，而且实际上也给欧洲乃至世界也带来极为深远的影响；而反映在外汇市场上，则表明投资者对英镑及英国经济的不确定性，在短期内给全球金融市场造成摇摆，导致投资者抛售股票等风险较大资产，而转向安全的国债，进而造成英镑汇率紧急下滑。后期随着事件平复，投资者信心有所恢复，汇率有所提升，但仍在 1.3 至 1.4 之间徘徊。

英国公投后，英镑与美元汇率大幅下降，但随后则趋于稳定，至 2017 年 3 月，英镑与美元汇率基本上稳定在 1.25 左右，随后一年内稳步升高（详见图 4－2），其原因一方面与脱欧对市场的冲击逐渐平复有关，另一方面也与美元相对贬值有关，期间美元对欧元及英镑均出现不同程度的贬值。

图 4－2 2016 年 12 月—2018 年 6 月英镑与美元汇率变动周 K 线图

4.1.2 英镑与人民币的汇兑

英镑与人民币之间的汇率变动大体上与英镑/美元汇率类似，都受到英国脱欧的影响，于 2016 年 6 月出现大幅下降（见图 4－3），但之后则趋于平稳，在 8.5 与 9.0 之间进行箱体震荡，表现相对平稳。英镑与人民币汇率相对平稳，一方面与脱欧对市场的冲击逐渐平复有关，另一方面也与人民币的稳定政策有关，没有出现如英镑与美元稳步上升的现象。

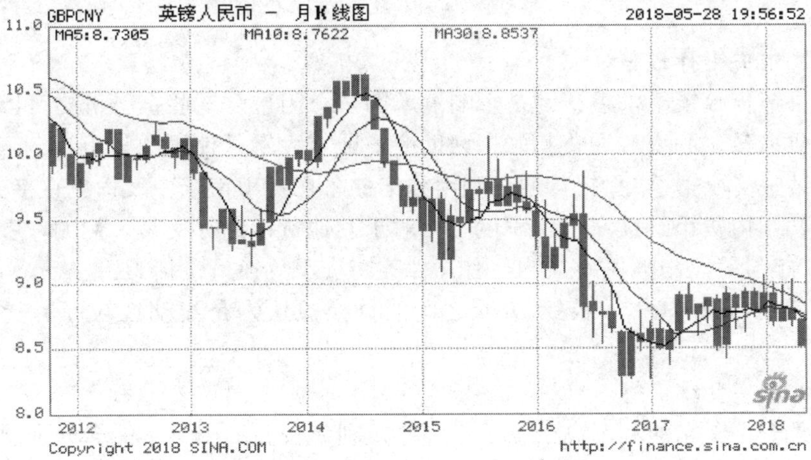

图 4-3　2012—2018 年英镑与人民币汇率变动月 K 线图

从英国公投脱欧后的英镑人民币汇率周线图来看（详见图 4-4），虽然有时波动也相对较为剧烈，但基本上保持在 8.5 至 9.0 之间，相对稳定。

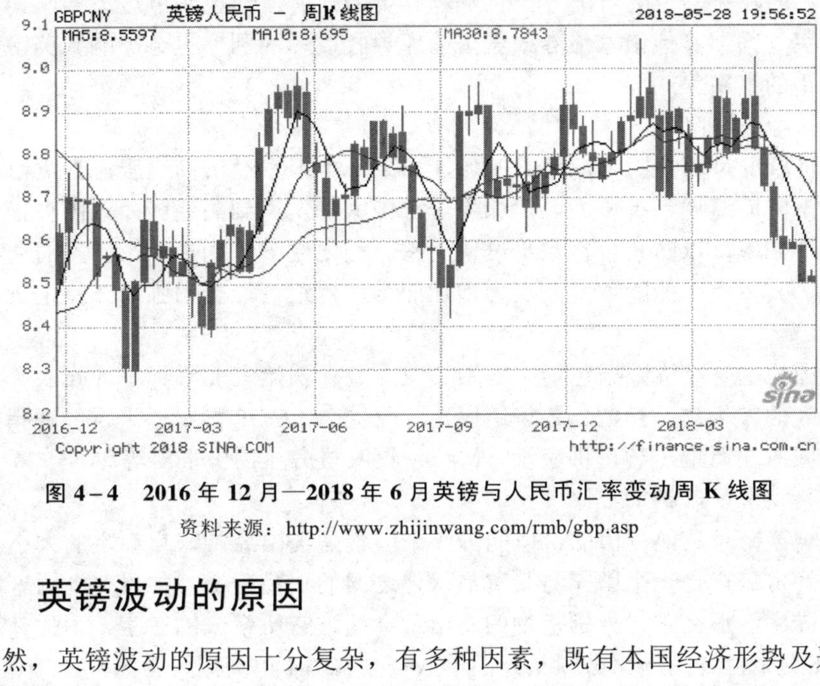

图 4-4　2016 年 12 月—2018 年 6 月英镑与人民币汇率变动周 K 线图

资料来源：http://www.zhijinwang.com/rmb/gbp.asp

4.1.3　英镑波动的原因

当然，英镑波动的原因十分复杂，有多种因素，既有本国经济形势及采取的财政措施有关，也与整个世界的经济环境和财政形势有关。其波动的主要因素如下：

（1）中央银行政策

中央银行政策经常被认为是影响汇率的一个因素。这些金融机构可以通过控制货币供应量，利率和通货膨胀来帮助贬值或夸大辖区使用的货币。

在某些情况下，中央银行通过利用外汇储备在货币市场中发挥更直接的作用，以确保其国内货币继续在一定程度上相对于其他货币进行交易。例如，中国银行于1994年将美元与人民币挂钩。有几种英镑货币兑换，包括英镑/美元，英镑/加元和英镑/欧元。其中，英镑/美元之间的兑换被认为是流动性较高的货币兑换之一。

（2）利率变动

如果一个国家的利率高于另一个国家，利率较高的国家可能会为贷款机构提供更强的回报。因此，市场参与者可能会选择将他们的外资投资到利率较高的国家，这可能会推高该国的货币。

英国央行的主要利率是最低贷款利率。每月的第一周，央行都会用利率调整来向市场发出明确的货币政策信号。利率变化通常都会对英镑产生较大影响。

债券的收益率也会对汇率产生影响。英国政府债券也叫金边债券，其金边债券收益率与同期其他国家债券或美国国库券收益率的利差也会影响到英镑和其他国家货币的汇率。

（3）经济情况

经济状况可能会影响汇率。例如，如果一个国家经历高通胀，其货币可能因购买力下降而遭遇下行压力。但如果一个国家确实遇到高通胀，该国央行可能会提高短期利率，以防止价格水平过快上涨。相比之下，如果一个国家的通货膨胀率较低，其货币可能随着其购买力增加而增加，这可能会增强对该特定货币的全球需求。

英国的主要经济数据包括：初始失业人数、初始失业率、平均收入、扣除抵押贷款外的零售物价指数、零售销售、工业生产、GDP增长、采购经理指数、制造业和服务业调查、货币供应量（M4）、收入与房屋物价平衡等。

（4）经常账户赤字

影响英镑对其他货币的价值的另一个因素是美国经常账户赤字的大小。一个国家的经常账户是一个国家与其贸易伙伴之间的贸易平衡。如果一个国家出现经常项目赤字，那么它对外国货物的支出就会超过它所带来的赤字。为弥补这一缺口，处于这个位置的国家必须从外国借入资金。2014年英国经常账户赤字达到979亿英镑，这个数字相当于GDP的5.5%，这是自1948年美国政府开始收集这些数字以来的最大部分。英格兰银行金融政策委员会在 2015 年 3 月的会议上警告称，国家的经常账户赤字可能会给市场对英国的看法带来风险。如果国家的经常账户赤字仍然很高，那么投资者可能更倾向于支持其他货币。

（5）市场心理学

市场心理可能会对英镑等货币波动产生重大影响。例如，投资者对经济状况相对乐观时，可能会选择购买风险较高的货币以期获得更高的回报。然而，交易者如果对商业状况感到悲观，可能会涌向通常被认为是安全的货币以保护其本金。通过这样做，这些投资者可能会降低潜在回报。如果全球市场认为英镑相对安全，那么，他们担心经济状况时，可能更愿意购买。

（6）政治不确定性

政治不确定性是影响英镑相对于其他货币的价值的另一个因素。在评估货币时，交易员经常会考虑发行该国的政治稳定性。

如果一个国家的治理有可能发生重大变化，那么，这种情况可能会使投资者不太可能期望其货币保持稳定。

4.2 英国金融机构概览

英国的金融机构体系以商业银行为基础，同时存在多种形式、多层次的银行和非银行金融机构，提供金融服务的机构包括受监管的机构和未受监管的机构。

4.2.1 中央银行和货币政策

英格兰银行是英国的中央银行，成立于 1694 年，在英法战争期间为政府筹集资金。作为英国的中央银行，它具备发行的银行，银行的银行，政府的银行的职能。作为银行的最后贷款人，英格兰银行保管商业银行的存款准备金；作为票据的结算行，对英国的商业银行及其他金融机构进行监管；作为政府的银行，代理国库，稳定英镑币值及代表政府参加一切国际财政金融机构。

英格兰银行的使命是通过维护货币稳定和金融稳定，提升英国人民的福祉。货币稳定是指稳定价格和公众对货币的信心。政府制定通货膨胀目标，英格兰银行执行货币政策委员会的利率决定，使政策更加透明。金融稳定要求资金的有效流动和稳定公众对金融机构的信心。英格兰银行的使命通过以下几方面实现：英格兰银行的金融操作，包括行使最后贷款人职能；金融政策委员会决议；审慎监管局对金融机构的监管；对重点支付清算和结算基础设施的监管。

根据《1998年英格兰银行法》，英格兰银行货币政策目标是保持价格稳定，以此支持政府经济目标，包括经济增长和就业。货币政策操作目标是通货膨胀率，由消费者物价指数来表示。

4.2.2 英国银行体系

英国有超过45个建筑团体和300家银行，它们构成欧洲最大的银行系统，也是全球第四大银行系统。

银行系统指的是个人和商业银行账户网络，帮助存款和借出消费者资金。银行体系的不同方面包括：

商业银行。商业银行向公众提供服务，许多商业银行也为企业提供专业服务。它们的运作类似于普通账户，但通常有更多的服务和更多的费用。

投资银行。这些是代表投资信托、养老基金和高街银行投资的金融机构。它们通过不同的债券市场、汇率市场和股票市场来寻找投资的最佳途径。

中央银行。中央银行支撑着大多数现代银行体系，通常是准政府组织。中央银行有各种各样的任务，例如确保充足的流动性，充当最后贷款人，并在某些情况下设定货币政策。在英国，英格兰银行负责货币政策。

银行体系的目标是为经济提供安全和信心。银行如果被允许破产并且消费者失去储蓄，会引起广泛的金融恐慌，许多消费者会撤回储蓄并作为现金持有。如果有资金撤出，那将导致贷款资金短缺。这就是为什么央行充当最后贷款人的原因。

4.2.2.1 英国零售银行业的演变

普通家庭的短期银行需求主要由零售（商业）银行服务。1980年，零售银行业由大量的银行和建筑协会组成，尽管支付服务主要集中在四大清算银行即国民西敏寺银行、劳埃德银行、米德兰银行（Midland Bank，曾经是英国四大银行集团之一，于1992年被汇丰集团全面收购）和巴克莱银行。零售银行的服务主要集中在基本银行服务上，它们的资金来源主要是存款。然而，从20世纪80年代开始，这种结构有两个主要的变化。首先，通过兼并和收购的整合，减少了对“四大”零售银行的竞争。到2010年年底，尽管在英国仍有300多家公认的存款机构，但零售银行业务已整合到四家主要银行——苏格兰皇家银行、巴克莱银行、汇丰银行和劳埃迪德银行。它们与国民西敏寺银行和桑坦德银行（Santander）一起主导着银行业市场。零售银行提供支付，结算和交易服务，包括提供存款和托管账户，中介服务，将家庭储蓄存入存款账户，以及个人贷款，抵押贷款和中小企业贷款。零售银行是受监管的机构，受到广泛的法律保护，包括与消费者保护有关的法律。

家庭寻求长期的金融投资，包括养老基金、共同基金（称为英国的单位或投资信托基金）和类似的投资工具，用于积累长期储蓄和资产。它们还寻求短期贷款和长期购房抵押贷款。这些都是由零售银行和建筑协会提供的。此外，还有专门的金融服务提供商，如专用养老基金、保险公司和其他投资机构。这些金融机构能够将小投资者的个人资金汇集到集体投资基金中。主要的优点是，它们允许参与的投资者多样化，将资产组合成一个大的资产组合，结合获得短期流动性和专业管理，为投资者提供相对较小的储蓄。这样的投资基金已经成长为小投资者的主要投资形式，如今是许多金融市场的主要投资者。投资基金主要有四种类型：养老基金、寿险公司、投资信托基金和单位信托基金和开放式投资公司。其中许多都隶属零售和投资银行，通常销售由这些银行发起和交易的产品，并由投资银行管理。保险公司和养老基金是监管机构，特别是与消费者的互动。

4.2.2.2 英国的顶级银行

（1）英格兰银行

英格兰银行（Bank of England）是英国中央银行，成立于1694年，是世界上第二历史最悠久的央行，仅次于瑞典银行，也是世界第八历史最悠久的银行。此外，英格兰银行还是全世界最大、最繁忙的金融机构。游客在英格兰银行的博物馆中可以领略其发展过程，不枉“金融中心”一行。

作为英国的中央银行，英格兰银行一直充当英格兰政府的银行，对国家的货币政策负责，其职能机构分政策和市场、金融结构和监督、业务和服务。其主要职责是：发行货币；管理国债；同财政部和财政大臣协作，执行货币政策；对贴现行进行票据再贴现；代理财政金库；通过国际货币基金组织、世界银行及国际清算银行等机构办理同其他国家有关货币方面的事项；代理政府保管黄金外汇储备等。

（2）苏格兰银行

苏格兰皇家银行集团（The Royal Bank of Scotland Group，RBS）建于1727年，总部设在的爱丁堡，是欧洲领先的金融服务集团，其业务遍及英国和世界各地。该银行在英国的法人、个人及海外银行业中排名第一，在零售银行业及私人汽车保险业中排名第二。苏格兰皇家银行集团在英国和爱尔兰拥有2 000多家分行，服务1500多万客户。2000年3月，该行与西敏寺银行（National Westminster Bank）合并。

苏格兰皇家银行集团除拥有苏格兰皇家银行（The Royal Bank of Scotland）和国民西敏寺（NatWest）两个银行服务品牌外，还拥有三个主要的金融服务品牌：直接在线（DirectLine）是英国私人汽车保险市场以及电话金融服务的领导者；公民金融集团（Citizens Financial Group）总部设在美国的罗德岛（Rhode Island），是新英格兰州第二大银行；UlsterBank 爱尔兰子银行总部设在北爱尔兰，在北爱尔兰银行业占有重要地位。

苏格兰皇家银行是一家跨国银行，总部位于爱丁堡。以市场资金计，苏格兰皇家银行是苏格兰最大的银行，其历史可追溯至 17 世纪，也是英国现存最古老的银行之一。除一般银行理财服务外，该银行还设有保险和公司财务等业务。

（3）汇丰控股

汇丰控股有限公司（HSBC）是一家英国跨国银行及金融服务机构，总部位于伦敦。香港上海汇丰银行有限公司于 1865 年开业。汇丰的名字是来自香港上海汇丰银行有限公司的缩写。汇丰银行约有 55 000 名员工，它通过零售银行和财富管理，商业银行，全球银行和市场以及全球私人银行部门运营。截至 2016 年 12 月 31 日，它在英国管理 964 个分支机构，在马恩岛（Isle of Man）和海峡群岛管理 13 个分支机构。

（4）劳埃德银行

劳埃德银行集团（Lloyds Banking Group）创建于 1865 年，总部位于伦敦，系一家总部位于英国的知名金融服务集团，提供广泛的银行和金融服务，专注于个人和商业客户。其主要业务经营活动是零售、商业和公司银行、一般保险以及人寿、养老金和投资准备金。它经营英国最大的零售银行，拥有庞大而多样化的客户群。该集团旗下拥有众多知名银行品牌，如劳埃德银行（Lloyds Bank）、哈利法克斯银行（Halifax）和苏格兰银行（Bank of Scotland），可提供银行和金融服务给英国和国外的个人和商业客户。

劳埃德银行（Lloyds Bank）是一家英国主要的金融机构，该银行在 2009 年通过收购 HBOS 的劳埃德 TSB 银行而形成的。截至 2012 年 3 月，英国财政部通过英国金融投资有限公司持有劳埃德银行 40%的股权。劳埃德银行总部位于伦敦金融城的格雷欣街 25 号，其注册办事处在爱丁堡。零售银行业务包括按揭、批发业、生命、退休金、保险等。劳埃德银行覆盖美国、欧洲、中东和亚洲地区。

（5）巴克莱银行

巴克莱银行（Barclays）是一家英国跨国银行和金融服务公司，总部位于英国伦敦金丝雀码头丘吉尔广场。巴克莱银行在 50 多个国家和地区拥有业务，它提供商业银行与零售业务、批发及投资银行业务，以及财富管理、抵押贷款和信用卡业务，拥有超过300年历史和专业银行知识。巴克莱银行的主要业务集中于以下六个方面：

- 英国银行业务，为超过1 400万名个人顾客和76.2万家公司提供银行产品和服务。
- 巴克莱信用卡，是最大的全球信用卡发行公司之一，在全世界拥有大约1 500万名用户。
- 巴克莱资本，是全球领先的投资银行，为大型公司、机构和政府客户提供融资和风险管理解决方案。
- 巴克莱全球投资者有限公司，是世界上最大的资产经营者之一，也是领先的投资管理产品和服务供应商。
- 巴克莱财富管理公司，管理着超过740亿英镑的客户基金。
- 国际零售和商业银行业务，为遍及加勒比海、法国、西班牙、葡萄牙、意大利、非洲和中东的公司客户提供一系列银行服务。

（6）渣打银行

渣打银行（Standard Chartered）是一家英国跨国银行和金融服务公司，成立于1969年，总部位于伦敦。银行业务覆盖全球超过70个国家，拥有超过1 700家分行和网点（包括附属公司，联营公司和合资企业）和经营网络，约87 000名员工。尽管渣打银行总部位于英国，但该银行约90%的利润来自非洲，亚洲和中东。渣打银行是伦敦证券交易所上市公司，也是富时100指数（FTSE 100 Index）成分股。

（7）桑坦德银行

英国桑坦德银行（Santander UK）成立于1988年，总部位于伦敦，该银行由西班牙桑坦德集团全资拥有。它是英国第三大存款银行，第二大持有的抵押贷款的条款银行和第四大分行经营的银行，并拥有超过2 500万客户。英国桑坦德银行在英国拥有1 300多家分行和超过25 000名员工，它通过零售银行业务、商业银行业务和全球企业银行部门运营。它管理着841家分支机构和67家企业商业中心的网络，并通过ATM、电话、数字、移动、互联网和中介渠道运营。

（8）国民西敏寺银行

国民西敏寺银行（National Westminster Bank，NatWest）自2000年以来一直是是英国最大的零售和商业银行。国民西敏寺银行是苏格兰皇家银行集团旗下银行。苏格兰皇家银行集团资产是世界排名跻身前十大的银行。

国民西敏寺银行在全球范围内向个人、公司、政府和机构提供广泛的零售、商业银行和投资银行服务，主要从事于以下几个领域的业务：零售和商业银行业务、资产管理、全球金融市场、全球债务市场和咨询，旗下各个部门在充分协调的基础上，利用集团的资源和优势，向客户提供各类金融产品的全面服务。

4.2.3 投资银行

在金融系统中，投资银行，以前在英国被称为“商人”银行，已经成为重要的中介机构。它们不与家庭部门互动，而是与其他银行合作，包括零售银行和其他投资银行，以及大型、尖端的终端用户，如大公司和政府。它们在批发功能中是固定收益和股票证券、二级市场交易和银行间市场的初级市场的重要中介机构。对于政府来说，它们充当政府债券一级发行和次级交易的“主要交易商”。投资银行建议公司重组这些公司的资产负债表，并为它们发行证券。投资银行在银行间市场中保持着流动性，在金融产品和市场，特别是复杂的创新方面一直是创新的源泉。因此，它们推动了金融化的核心过程，包括扩大金融体系的规模和复杂性以及金融体系的国际化。对于伦敦来说，投资银行扮演着全球中介机构的角色，加强了伦敦在全球化金融体系中的重要国际市场的重要性。

投资银行是受监管的机构。投资银行的传统业务是发行新证券和金融证券交易。这种交易为证券市场提供流动性。最近，投资银行已经发现自己处于英国金融化的核心地位，因为它们在内部活动及其对金融市场和产品的影响方面发展最为迅速。

这源于两个主要因素。首先，投资银行在资本市场的传统活动已经扩展到为所有金融市场和参与者承担运营和支持职能。它们对固定收益和股票证券的一级市场的控制在后来的二级市场交易中已经占据了主导地位。矛盾的是，这是由于1986年二级市场交易的“开放竞争”所致。在这个二级市场上，商业银行通过购买和出售长期证券组合来维持流动性，这种二级市场的控制使投资银行成为金融中介的核心，成为不断增加的中介和银行间市场。其次，最重要的是，它们一直是金融产品和市场创新的源泉，尤其是复杂的创新。

然而，在20世纪90年代之前，投资银行是更加稳固的机构。

它们的主要职责是为大型机构，公司和政府在资本市场安排新证券发行。这些资本市场活动包括向投资机构就其金融资产组合结构提供建议。除安排发行新证券外，投资银行还从事承销和并购咨询，并担任中央银行的“主要交易商”。在此期间，投资银行持有的大部分风险都在其信贷组合中，这些组合持有表内风险，主要集中在信贷和流动性方面。后者高于其他金融机构，因为投资银行愿意持有银行间市场短期负债融资的长期证券和市场存款（Buckle and Thompson，2004）。

但是，信用风险直接与长期证券作为资产持有的公司或机构的信誉度以及证券的名义价值相关，因此风险更易于管理。这并没有完全降低风险，因为在上一节讨论的 1980 年代的主权债务危机显示了资产负债表内信贷组合导致巨额信贷损失的情况。但风险相对简单、透明和线性。

然而，20 世纪 80 年代后期，由于银行试图接管主权债务和资产管理以及二级市场债务和债务交换交易等发展，投资银行的傲慢种子已经播下。1988 年的巴塞尔协议确立了银行应该按照其风险加权贷款比例持有资本的原则。这一比率成为银行管理、信贷配给以及资本成本（即股价）的关键因素。银行筹集资本以及将其贷款作为债券转入资本市场的能力对于银行管理其资本比率至关重要。此外，随着欧元债券市场的深化，债券市场开始发展，并在资本市场的贷款中占据主导地位。

4.2.4 开英国银行企业账户

所有在英国开展业务的企业都需要一个银行账户。

在开设以一个新的银行账户前，英国银行都需要根据 2007 年《洗钱条例》中关于反洗钱的规定对客户进行尽职调查。

要开设银行账户，公司所有董事都必须亲自到银行。各银行对需要审核的资料有各自的规定。一般来说，需要向银行提交以下资料：

- 公司营业执照；
- 公司成立备忘录和章程；
- 注册地址股东董事和公司秘书的详细情况；
- 注册股东的证明（由公司管理署开具的证明表格即可）；
- 该英国公司如果是中国公司的子公司，那么也需要提供母公司的详细情况，以及最近年份的会计报告复印件和最近的银行对账单；
- 每位董事的护照和最近三个月的个人银行户头对账单。

通常需要事先和银行约定开设账户时。办理过程需要一定时间，因此要开设一个新账户。往往要留七到十天的时间。

大多数英国银行提供外汇账户也可以开通了网络银行，但不作强制要求。

（1）贷款和透支

从 2008 年银行危机后，英国中小企业就发现从银行获得透支和贷款难度加大了；银行大大提高了贷款和透支条件。不过，企业如果愿意付高额利息，而且董事愿意提供个人担保的，也往往可以获得贷款。

中国投资者应当有计划将中国的资金用于拓展英国业务，至少一开始需要这样。

（2）人民币账户

虽然所有的银行都可以处理外汇交易，但当涉及中央之间外贸业务时，汇丰银行当属首选。因为它是唯一一家允许英国企业在中国及英国开设人民币账户的银行。这样，英国企业就可以和中国内地用本国货币进行贸易往来，支付款项。

汇丰银行开具的人民币英国账户，是在英国境内支付的人民币跨国结算账户，具有直接支付能力，并能提供与贸易相关的全部服务（信用证、收款等），并可以进行外汇交易和套期保值。

现在，可以用人民币签署商业合同，中方供应商可以开具人民币发票，并接受英国采购商用人民币结账，从而避免外汇交易的风险和成本。

所有一切都通过汇丰银行网上银行平台来处理。国际业务采用这一服务的好处在于：

- 单点即可登录；
- 在线进行国内外支付；
- 可以使用现金管理工具在线管理账户；
- 启动外贸交易，并可以实时查看账户信息；
- 可以了解在汇丰及其他跨国银行的英国货币账户和外汇账户的全部信息；
- 银行提供的汇率获取服务，可以在进行外汇支付时，浏览并实时选择汇率购汇；
- 使用全球服务工具，可以在线查阅整套研究报告和市场数据，可以在线处理外汇交易和在线货币市场交易；
- 英国各大银行都提供一系列的国际支付服务，比如信用证、出口发票融资、外汇套期保值账户等。

英国各大银行，有专门的跨国业务银行经理来管理国际业务银行账目往来，这些人通常知识渊博，而且乐于提供很多帮助。

（3）个人银行业务

公司董事和雇员一旦有了一个英国居住地址，就可以很容易的开设一个个人银行账户。银行会要求他们出具护照和地址证明，如公共设施费用账单。银行不接收手机账单作为地址证明。

4.3 英国金融市场

凭借厚重的历史沉淀、完备的制度、完善的设施以及持续不断的改革革新，英国的金融市场始终在世界经济金融中发挥举足轻重的作用。时至今日，伦敦是全球第一大外汇市场，第一大有色金属和贵金属市场，第一大保险市场，还是全球重要的股票市场，债券市场和衍生品市场。英国众多的金融市场不仅规模大，而且历史悠久，国际化程度高。

4.3.1 伦敦股票市场

伦敦股票市场以其历史最为悠久且国际化程度最高闻名于世。英国股票市场已有 200 多年历史，形成了以伦敦证券交易所为主体的相对成熟完备的多层次结构。

英国股票市场是场内场外结合的多层次市场体系，包括伦敦证券交易所主板市场、二板市场、高科技板、未上市股票市场等。各层次市场各有服务重点，形成了结构和功能完善的股票市场体系，有力地支撑了英国在国际金融市场的地位。

主板市场是伦敦证券交易交易所的主体市场，目前主要为发展成熟、规模较大的公司提供股权融资服务。主板市场历史悠久，发行、交易、监管制度成熟完善。

主板市场上市条件主要包括：首先要得到英国上市监管局的批准；申请上市的公司都必须有保荐人；保荐人通常是投资银行、股票经纪行、律师事务所或会计事务所。公司一般需有三年的经营记录，并须呈报最近三年的经审计无保留意见的财务报告；财务报告须按国际或英美现行的会计及审计标准编制，并按上述标准独立审计；公司的经营管理层应能显示出为其公司经营记录所承担的责任；如果企业有控股股东，企业必须能够独立于控股股东而从其经营活动；发行后市值不低于 70 万英镑；企业在上市后的 12 个月内必须有足够的运营资金；在过去三年中对公司主要资产拥有控制权。

二板市场创立于 1995 年 6 月 19 日，目的是便利初创和高成长性的中小企业发行股票融资，上市标准要比主板市场宽松，满足希望进入证券市场融资，但不符合主板要求的中小公司发行股票融资的需求。

二级市场上市准入条件相对于主板市场非常宽松：没有最低上市标准，没有上市公司规模、经营年限以及最低公众持股量的要求，只需要具备以下条件：指定上市保荐人；是根据本国法律合法成立的公众公司或等同的公司；公开的会计账目符合英国或美国通用会计准则，或国际会计准则。如果公司主营业务盈利的记录不到两年，拥有 1%或更多股份的董事或雇员必须承诺公司在上市后至少一年内不出售任何股份。上市审查程序非常宽松，交易所不进行实质审查，只强调上市保荐人的监督作用和公司自律。

4.3.2 英国外汇市场

英国外汇市场的日常交易额相当高。2001 年，远期市场每日成交额为 3 530 亿美元，现货市场成交额为 1 510 亿美元。英国的外汇业务稳步增长。英国的外汇市场依赖英格兰银行。英格兰银行代表财政部管理和管理交易所平衡账户，该账户持有该国的外汇和黄金储备。

世界上近三分之一的货币交易是在英国进行的。根据 2006 年的统计数据，英国外汇市场的交易额为 1.1 万亿美元。令人振奋的是，该国外汇交易的增长率比前一年高出 41%。这个百分比增长率是全球最好的，因为 RFX 交易的世界平均增长率在同一时间已经达到 38%。

英国，更具体地说，伦敦是全球最大的外汇交易市场。英国在这个行业的市场份额是其直接竞争对手美国的两倍。在英国外汇市场上交易的最主要货币是美元。欧元是英国外汇市场中交易次数最多的货币。在欧元出现之前，德国马克第二重要。交易最为激烈的货币兑换是美元/欧元。英镑/美元货币兑换也非常重要。随着欧元的出现，内部遗留货币互换和内部遗留货币交易已经消失。

英国的外汇市场非常集中。此外，外汇市场是一个高度波动的市场，这是众所周知的事实。为了应对汇率波动，英国有很多公司为公司和个人提供卓越的外汇交易服务。这些公司提供最好的货币汇率，并防止货币波动。此外，在线货币兑换设施也可以利用，因为它们导致透明度和效率。

第5章
英国投资环境

英国作为世界经济强国之一，近年来一直保持低利率和低通货膨胀率的财政政策，使其经济能够在激烈的竞争和市场面前持续发展。英国经济形势稳定，法律制度体系完善，以及学术研究与商务应用合作良好，在吸引境外投资方面一直保持较强的竞争力。

英国政府致力于改善投资环境，大力吸引外国投资，提升本国的科技水平，提高综合国力和竞争实力。1994年以来，英国吸引外国投资的项目数和解决本地就业人数均在稳步增长，外资对英国的经济发展、科技水平的提升都起到了不可低估的作用。英国积极鼓励外国直接投资。英国对外国所有制几乎没有什么阻碍，在过去的十年里，英国一直是欧洲外国直接投资的最大受益者。

长期的政治、经济和监管稳定，加上相对较低的税率和通货膨胀率，使英国对外国投资者具有吸引力。英国拥有成熟的金融和专业服务行业，并拥有透明的税收体系，在该体系中对本地和外资公司征收相同的税收。英镑是一种自由浮动的货币，对其转移或兑换没有限制，不存在限制与英国境内外投资相关的资金转移的外汇管制。英国法律、监管和会计系统是透明的，符合国际标准。英国的法律制度提供了高度的保护。私有制受法律保护，并受到竞争限制行为的监控。美国出口商和投资者一般不会发现美国和英国在经营业务方面有什么不同；英国的商业交易以普通法为基础。

5.1 投资环境

英国是一个主要的外商投资接受国，据估计市值超过 1 万亿英镑，而其中一半来自欧盟成员国。相对于其他外资接受大国，英国排名第三，位列美国和中国之后。

5.1.1 基础设施

英国位于欧洲西北部，包括英格兰、威尔士及苏格兰、北爱尔兰以及众多近海岛屿，总面积约 24.48 万平方公里，人口 6 020 万。

英国作为生产和贸易基地有众多优势，包括优越的地理位置、与世界各地广泛的贸易联系、完善发达的国内交通体系、经验丰富的劳动力、充足的能源以及成功的科研。此外，英国金融、市场及其他各项专业服务也极为便捷。

英国密集的高速公路、发达的道路网络，海底隧道、机场和海港，形成了快捷、高效的境内以及通向欧洲的综合交通网络。英国是世界上拥有最好电信设施的国家之一，世界一流的电信公司均在英国设立了基地，从事生产、研发以及提供通信服务。超过 250 家电信公司为英国提供高容量的光纤网络，宽带覆盖率达到 80%。

首都伦敦是国际公认的世界上最成功的城市之一，拥有良好的商业设施、享誉世界的技术以及一流的娱乐设施。其所有重要的现代制造业几乎都在英国占有一席之地，银行和保险等服务业也对英国经济作出了重要贡献。

5.1.2 劳动力情况

目前英国的劳动力人数超过 3 000 万，位居欧盟国家第二位。就业人口超过 2 900 万。其中包括 2 155 万全职雇员和 748 万兼职雇员，创历史最高水平。英国目前的就业率高达 74.6%，高于欧盟国家的平均水平 64.3%，失业率为 5.5%，低于欧盟国家平均失业率 7.7%。

5.1.2.1 劳动技能

英国劳动力市场具有的强大的技术实力，一直保持着吸引外资的良好记录。国际知名公司包括微软、摩托罗拉、思科、可口可乐、索尼、福特、日产、丰田、本田等都对英国进行可观的投资以充分利用英国的科技资源。

就技术而言，英国仅居美国之后，拥有世界排名第二的研究基础。英国一直重视教育和培训，每年大约有 63 万名学生从国内的 170 所大学和高等教育机构毕业。

英国拥有欧洲最多的工商管理硕士（MBA）课程，英国的 MBA 课程在“2007 泰晤士”评选的全球 100 家顶级 MBA 课程中占据 16 家。30%的英国人可以讲除母语以外的一门外语，除英语外的最流行的语言是法语和德语。伦敦拥有最多的能讲流利外语的人，就语言因素而言是欧洲最好的城市。

5.1.2.2 劳动力成本

无论是服务业还是制造业，英国的劳动力成本都具有竞争力。相比德国、爱尔兰、西班牙和瑞士等国家，英国的劳动力成本都处在比较低的水平。在英国本土，不同地区的劳动力成本也不尽相同，伦敦地区的劳动力成本最高，英格兰东北部、西南部以及威尔士和北爱尔兰的劳动力成本最低。2018 年，英国成人的最低工资标准为每小时 7.83 英镑（25 岁以上），年龄介于 21～24 岁的雇员最低工资为每小时 7.38 英镑，18～20 岁为 5.90 英镑，17 岁以下为 4.20 英镑。从趋势来看，最低工资标准仍保持每年增长，自 2010 年以来年平均增长幅度约为 3%。

5.1.2.3 劳动法规

英国拥有灵活自由的劳动力市场和劳动法规，在保护雇员的合法权益的同时也保证公司的有效运转。

劳动法规规定，雇主必须在雇员开始工作后的两个月内提供一份雇用合同。此合同必须包含一些确定的信息。雇用合同形成了劳资关系的基础，合同可以是书面的或口头的。英国雇佣合同一般以书面形式出现，以避免日后的纠纷。

如果雇佣合同终止，雇佣双方都有义务提前告知对方。如果工作期超过一个月，雇员至少要提前一个星期告诉雇主。同样雇主也应该给予雇员至少一个星期的通知期（工作时间超过一个月）；两个星期（超过 2 年）以此类推。

英国雇员的平均工作时间为每周 43.1 小时，高于欧盟国家的平均水平每周 41.9 小时。英国为全职、半职以及临时雇员都制定了有关工作时间的限制，每周工作时间不得超过 48 小时；晚间工作每日平均不能超过 8 小时；晚间工作工人有免费健康检查的权利，每日有 11 小时休息时间，每周有一天休息日，如果工作时间超过六小时有二十分钟休息时间，每年有四周带薪假期。

英国法律保障雇员或未来雇员，无论其服务年限长短，不得以性别、性取向、宗教信仰、婚姻状况、种族及伤残为理由遭到歧视。

此外，英国政府制定了一些法规来鼓励相对自由的工作时间和适当的家庭和工作间的平衡。例如，孩子年龄在6岁以下以及残疾儿童18岁以下的父母有权要求灵活的工作安排，其中包括可以要求在家工作以及调整合适的工作时间等。

欧洲经济区（EEA）的国民不需要工作许可证或签证便可在英工作（脱欧后情况可能将有所改变）。非欧洲经济区的其他外籍员工必须先申请由英国内政部颁发的“工作许可”后才能在英国工作。

5.1.3 开发区或自由贸易区

5.1.3.1 企业区

英国许多地方设有企业区。企业区多指那些处于闲置及萧条中的老工业区。英政府通过在各地设立企业区、实施企业区优惠待遇，加大对当地的引资力度，从而带动当地经济的发展。企业区通常由多个地点组成，各自有独立的计划机制：一些发展为商业园区，一些专门从事制造生产，另外一些则可能有其他更多的用途。

企业区享有以下一系列优惠待遇：工商业建筑物的资本性支出享有100%的公司税和收入税抵扣减免；工商业房地产免交国家非住家财产税（统一企业税）；大幅简化规划机制；符合企业区规划的计划项目不需要单独的规划许可；免除雇主行业培训税收、承担向行业培训委员会提供信息的义务；企业区内公司对海关设施的申请能够得到优先处理，一些标准也会相应放松，例如可减轻企业向政府提供统计资料的要求等。

为鼓励非欧洲企业通过英国在欧盟地区建立基地，英国政府还放宽了以往十分严格的进口控制程序。过去的程序规定，进口商品在进入英国当地市场或再出口之前，必须只能在指定的自由贸易区进行加工。现在这一规定发生了变化，将对那些希望进口加工前使用高关税而加工后使用较低关税的企业提供帮助。

5.1.3.2 自由区

英国目前有七个自由区，分布在南安普敦、施尔尼斯、蒂尔布利、利物浦码头、伯明翰及普雷斯机场等地区。在上述自由区，货物获准在欧盟内部自由流通或再出口到欧盟以外地区之前，可进行各种交易而不需缴纳关税、增值税和其他费用。除欧盟关税区外，自由区可以进口本来要征反倾销关税的货物，加工成为只征正常关税的制成品。另外，大多数货物可在自由区无限期存放。

单个公司也可以建立自己的自由区。经英国税收与海关总署批准后，只要符合安全及注册要求，这些公司可进口或储存货物，并可在自己的基地进行各类加工。自由区内的货物可进行有形控制，如使用围墙、篱笆或其他实物障碍。但是，更常见的货物管理方式是以审计为基础的商业记录检查，类似于海关仓库的管理。

英国主管自由区的部门为英国税务与海关总署。

5.1.4 金融环境

英国拥有欧洲最发达的金融服务行业。伦敦金融城是世界三大金融中心之一，拥有世界上最强的国际性资本市场，是一个专家云集、规章制度高度智能化、企业管理一流的国际金融中心。这些优势吸引了大批国际投资者及希望在伦敦证券交易所上市的企业。

5.1.4.1 银行业

伦敦有世界上最大的外汇市场，并且是欧洲银行业和欧元交易的中心。截至2003 年 3 月，英国经批准的银行总数达 686 家，其中很大一部分是外国银行，许多来自欧洲经济区。银行业是伦敦金融城的最大商业，因为英格兰银行负责设定利率；银行业又是伦敦最有影响力的商业。

在伦敦可以找到各种各样的国际银行业务，交易币种涵盖了美元、日元、欧元和英镑，世界上五分之一的贷款均源自伦敦。因此，伦敦的银行业务非常繁忙，其国际贷款额是美国或德国的两倍，并且大部分的业务属于伦敦的外资银行。

5.1.4.2 债券

欧洲债券于 1963 年开始在伦敦国际证券市场进行交易。进入 21 世纪，大额资金市场日益被欧元控制。欧元虽是新的欧洲货币，但最大的欧元债券市场在伦敦金融城。目前，欧洲债券在全球债券中占据绝大部分份额，大约 60%源于伦敦。当这些债券在二级市场中交易时，70%的交易在伦敦进行。

5.1.4.3 外汇市场

当英国货币还是世界主要储备货币时，伦敦支配了全球的外汇市场。但二战后美元取而代之。现在 85%的外汇交易均使用美元，且 85%的交易是外国机构在操作，不过伦敦在全球的外汇市场中仍处在支配地位。

伦敦金融城始终为各行各业的交易商和客户提供最多种类的即期外汇和远期外汇交易。该市场拥有比其他地方更多的交易公司（超过 300 家）。

5.1.4.4 伦敦证券交易所

伦敦证券交易所是世界上主要的融资市场之一，仅 2006 年一年就有 367 家企业（其中 91 家为跨国公司）在伦敦证交所上市，融资额达 152 亿欧元， 这个数目占欧洲全年首次公开募资的 42%。跨国公司选择到英国上市的主要原因是伦敦极具流通性的国际交易场所，同时英国具有高水准、高透明度的法律法规和企业监管机制。

企业可以根据自身的成熟度、规模和商业目标选择到不同的市场上市。伦敦证交所的主要市场有：

（1）主板市场：享誉欧洲资本市场，是大公司融资和提高声誉的理想场所。主板市场共有大概 1 800 家上市公司，资产总值约为 35 兆英镑。

（2）二板市场：是为年轻的成长性企业而设的全球市场。目前有超过 1 640 家英国和及海外公司的股票在二板市场交易。

（3）三板市场：是一个没有规范的市场，在其交易的证券都是没有上市的。许多公司到主板市场或二板市场上市之前都依赖于这个市场。

5.1.4.5 保险

伦敦一直保持着世界最大国际保险市场的地位。世界排名前 20 家的保险公司都在伦敦设有营业所，2002 年的保险费总收入达到 180 亿英镑。

5.1.4.6 服务业

伦敦长期以来一直是世界级专业服务和商业服务的中心。世界四大会计事务所总部均设在伦敦。世界上最大的广告公司在伦敦也设有总部。世界十五大律师事务所中的五家源于伦敦金融城，这些事务所员工至少有四分之一在英国境外工作。超过 60 家美国律师事务所在伦敦设有办事处。

5.1.4.7 金融监管

金融服务局（FSA）是英国所有金融活动的唯一监督机构，它协调其他九个管理机构一起进行管理。由于金融服务行业在不断地整合，英国政府采取相应对策将所有管理机构放在一个屋檐下统一进行管理。金融服务局设立的综合集团部负责管理位于伦敦城内的主要金融集团企业。

5.2 吸引外资政策

英国政府欢迎外商投资于英国的制造业、研究开发及服务行业，尤其鼓励引进新技术。政府对英国国民对参与其个体企业经营没有特定的要求。政府鼓励投资者在一些受援地区进行投资。

英国在出入境投资、收入及资本的汇出、持有外币账户以及贸易结算等方面没有外汇管制限制。

英国没有指导或限制外商投资的专门法律。外商或外资控股公司从法律意义上与英资公司享有同等待遇，他们在英国可从事多种形式的经济活动。但是，某些为政府所有或由政府机构控制的产业除外：国防、核能领域对外国公司和英国公司均有限制；收购大型或经济上有重要影响的英国企业，必须获得政府批准；银行和保险公司开业前，必须获得金融服务局及政府的批准。外国及英国投资者必须同样遵循有关垄断和合并的规定。

英国政府负责管理贸易与投资的部门为英国贸工部，贸工部下设专门机构——英国贸易投资总署，负责鼓励并协助外国公司在英国开业。英国贸易投资总署及其分支机构可随时就投资优惠申请提供免费的咨询服务。

5.2.1 鼓励投资的行业

英国吸引外资的主要目的在于提升本国科技实力、扩大就业以及保持国民经济的可持续性发展，因此英国政府欢迎外商投资于制造业、研究开发及服务行业，如研发、电子、软件、电子商务、电信业、制药及生物技术、创意产业、金融服务业、化工业、汽车、食品与饮料业、环保技术和可再生能源、医疗设备以及电话中心和共享服务中心等。

5.2.2 政府资助及鼓励措施

英国对各种形式的投资均具有广泛的吸引力，这些投资大多数隶属高知识产业。英国中央、地区和地方一级政府都有鼓励投资的措施。某些项目可能有资格获得多个鼓励计划下的援助。

为获得拨款或援助资格，所有项目须在依照相关援助政策所制定的计划实施之前，经专业顾问或有关部门审核。很多援助计划规定，项目在获得批准前不得启动，否则可能会失去援助。外国投资者一般均享有以下鼓励政策，但是部分鼓励政策只限于提供给英国公司。负责管理发放鼓励计划的机构因政策种类和项目地点而有所不同。

5.2.2.1 向全国及地区投资提供财政支持

英国政府和欧盟是希望在英国开展业务和扩大规模的公司寻求资金支持的两个主要来源。英国政府在英格兰、苏格兰、威尔士都负责十个主要的援助项目，北爱尔兰则有自己的援助制度。欧盟的援助较为间接，一般通过中介机构所负责的具体项目来实现。

此类计划主要是向资本投资项目提供拨款或贷款，某些地区也对研究或非资本支出提供补贴。现政府的地区政策是鼓励向存在工业问题的地区投资。

5.2.2.2 地区资金援助

地区资金援助是英国政府在英格兰、苏格兰和威尔士“受援助地区”提供资金支持的主要形式。其对象是计划扩大规模、现代化改革或合理性调整的公司，以及那些首次在英国投资的公司。服务业和制造业公司也可申请该资助。

“投资英格兰选择性资助”是专为那些在“受援助地区”寻求投资可能性却又需要启动资金的企业设计的一项计划。该项目自由支配的资助一般采用拨款形式，偶尔采用贷款形式。该资助旨在帮助需要在一个较长周期内提高生产力、技能和就业的新投资项目。投资项目必须达到一定的标准才能获得申请资格。申请每笔一万镑的拨款，需要达到一个最低标准。位于或计划选址在“受援助地区”的各种规模的企业都可寻求资金援助。大部分申请由地区发展署评估，特殊规模庞大的申请项目由贸工部进行评估。为了帮助每个地区释放其全部潜力，政府资助了一系列的地区发展项目。

“受援助地区”是指位于英格兰的经济活动相对处于较低层次并伴有持续性高失业率的地区。这往往是由传统制造业的衰落造成的。全英格兰都有受援助地区，这些地区具有通过投资和就业机会增加获益的潜力。计划在这些地区投资的企业可通过“投资选择性资助”从贸工部获得资金援助。项目使“受援助地区”在生产力和技能方面受益越多，其受资助的可能性就会越高。

目前可以获得资助的投资项目主要有建立新企业、现有企业的现代版、扩大或重组、企业升级、在生产或其他商业活动过程中引进技术或其他革新，将新产品、服务或工序从研发转化为生产等。

5.2.2.3 地方援助

地方援助通常包括提供土地和建筑物，或向能够改善当地环境的市内建筑和施工项目提供贷款。对于能够创造和保留就业机会或刺激地方经济发展的项目也提供拨款或贷款。

5.2.2.4 特殊项目援助

经批准的可能给国家带来特殊利益，成本至少在 50 万英镑的研究和开发项目均可获得财政援助。

5.2.2.5 研究和开发援助

在此范围内的项目，英国政府或欧盟提供贷款，在全国境内地点不限。希望在英国拓展业务的外国公司可通过如下计划申请研发援助：研发税收减免和补贴；尤里卡计划；LINK；FORESIGHT；欧盟第六轮研究、技术研发与展示框架项目；研发拨款；调查和创新点子拨款。

5.2.3 相关税收政策

许多年来，英国一直努力使自己针对外国投资者的税制处于欧洲最具吸引力的国家之列。目前英国的公司税的税率为19%，是欧洲经济大国中税率最低者。增值税为20%，在欧洲也是较低的，而且与其他欧洲国家相比，有更多的交易免交增值税。英国的高级管理人员及雇员也享受优惠的个人所得税与社会保险税。英国没有地方所得税。对商业征收的唯一地方税是基于财产的税赋，称为“营业税”。

5.2.3.1 公司税

英国的公司税的税率为19%，该税率为欧洲经济大国中最低之一。利润较低的公司可享有更优惠的税率。如果年利润除以集团在全球的公司总数，所得数不超过1万英镑，则公司税为零；如果所得数介于1万到5万英镑之间，则实际税率为零到19%之间；如果所得数在5.01到30万之间，实际税率为19%；若年利润不超过150万英镑，则实际税率介于19%～30%之间。英国目前正着手对现行公司法进行改革。

在英国，英国公司所得税是指公司税或法人税（Corporation Tax），于1965年正式开征，从而结束了将英国公司视为非法人企业（Unincorporated Business）征收所得税和利润税（Profits Tax）的历史。

1965年，英国工党政府通过了当时财政大臣詹姆斯·卡拉汉（James Callaghan）的建议，制定了新的财政法，决定对公司正式征收公司税，取代原征收的所得税和利润税。这是英国公司税制发展史上的一次最重大变化。英国公司税在政府税收收入中占据较重要地位。

对于开设的代表处而言，如果不参与签订产生收入的合约，代表处则无须缴纳公司税，但是某些从英国取得的收入（如英国物业租金或某类利息）仍需缴纳所得税。

对于永久性公司在英国开展贸易，须缴纳与在英常驻公司一样的公司税，税额从分公司的利润中征收。如果永久性公司只向其总部或其他集团公司提供服务，则只向相当于其开支若干比例的利润征税。只有与英国直接有关的利润才被征税。

英国子公司的全球利润都要缴纳英国公司税。

5.2.3.2 增值税

增值税是指对在英国经营期间提供商品及服务所征收的赋税。英国标准增值税率为 20%，多数公共交通、慈善机构以及出口可享受减让税率 5%，大多数食品、图书及儿童服装等可享受零税率，保险、金融、教育及保健服务则免征增值税。生产应纳税产品的公司，如果年营业额超过 85 000 英镑，就必须进行增值税登记。

5.2.3.3 关税

英国同所有欧盟国家一样，都是关税贸易总协定的签约国。所有欧盟成员国的进出口均按照商品名称及编码协调制度分类。商品关税的估定基于关贸总协定的估价准则。

整个欧盟都采取一种共同的关税制度。进口货物到欧盟时征收关税，但是在欧盟之内跨境运转则不需要缴纳关税。

英国税收与海关局是负责管理进口税和间接税的政府部门。只有同欧盟区外国家间的贸易才被视为进口或出口。英国进口的所有货物都必须使用欧盟统一单证（SDA），向税收与海关局电子报关。

所有欧盟区内自由流动的商品贸易（指原产地为欧盟或输入欧盟时已纳税的商品）已取消关税。尽管如此，各种来源的进口商品都需要缴纳国税，包括消费税和增值税等。

英国对所有非欧盟成员国的出口，都必须以出口申报的形式向税收与海关局报告。所有出口商都必须遵守海关与消费税局严格执行的出口许可证规定。

5.2.3.4 印花税

印花税根据收购方式不同而不等。如果收购公司股份，将按收购价征收 0.5% 印花税。如果直接收购企业或资产，对在英国境内的超过 50 万英镑的房产或特定资产的收购，将征收高达 4%的印花税。

5.2.3.5 筹集资金

英国没有外汇管制，公司的资金及利润可以自由流入或流出英国。

英国公司法对有限责任公司没有设最低资本要求，但股份有限公司的资本最低为 5 万英镑。根据 2004 年 4 月 1 日生效的“资本微化规则”（The Thin Capitalisation Rules），中国母公司或外国集团公司直接借款给英国子公司，借贷期限超过一年，则利息部分须交纳英国所得税，全额税率为 20%。根据中英之间的避免双重征税协议，税率可减至 10%，但需向英国子公司提前提出申请，并得到英国税务局批准。

自 2005 年开始，英国政府将对集团公司强制实行国际会计准则。

5.2.3.6 个人所得税

对在英国工作的外国高级管理人员及雇员而言，英国税务和社会保险体制在欧洲是最优惠的国家之一。其最高所得税税率为 45%，但只有年度应缴税的收入超过了 15 万英镑以上部分才会以此税率征收所得税，年收入在 5 万英镑至 15 万英镑之间需要缴纳 40%所得税，年收入在 12 501 英镑至 15 万英镑之间则只需缴纳 20%所得税，年收入低于 12 500 英镑则不需要缴纳个人所得税（2018－2019 财政年度）。苏格兰的税率与英国其他地区的有所差异。股息和储蓄收入有不同的税率。

此外，无论是雇员还是雇主都必须支付英国国民保险税，其中规定，年收入不超过 31 720 英镑的雇员缴纳的税率为 11%，而收入超过此标准收入的税率则增加不封顶的 1%。雇主需缴纳的税率为总收入的 12.8%。若收入不超过某限度可享受豁免待遇或享受低税率。英国属于欧洲此项税率较低的国家之一。

5.2.3.7 其他税种

股票、证券交易以及财产交易要缴纳印花税或印花储蓄税。对于财产而言，所征税额为该财产价格的 1%～4%。某些偏远地区不对财产征税；有些保险费会产生一些纳税负担，通常是 4%，但有许多企业的保单是免税的；航空乘客要缴纳空中旅客税；填埋税是对倾倒在地上或地下的物资所征收的税；车辆要缴纳公路税。英国还征收气候变化税，目的是不鼓励攫取无法再生的能源；能源消耗量大的企业要遵守有效利用能源的协议，就可以减少纳税最多达 80%；采石及采矿也要缴纳石方税。

英国管理税务机构为英国税务与海关总署。公众要求税务机构要容易了解并有助于纳税人完成缴税义务。政府还提供帮助了解税务的免费读物，以及免费咨询热线电话和机构。

拖延缴税通常有一些自动处罚。对不遵守税法的行为规定有相当严厉的处罚，但实施起来通常较为宽松。如果不守税法是由于不知情或错误地理解了税法，通常会完全或大部分取消惩罚。如果对税务管理部门的决定有异议，则上交法庭解决。

5.3 外国企业准入程序

5.3.1 外国企业设立程序

《1985 年公司法》对在英国注册公司作出了规定。虽然商业团体的名称确定要根据一定的规则，但注册公司无须得到许可。从事金融、国防和石油勘探等受监管行业的公司，须在开业前获得许可证或政府批准。

在英国开业的所有公司必须在当地“公司注册处”注册，并呈交会计报表和年度报告。海外公司在英国设立分支机构或代表处也必须注册和提交年度会计报表。

5.3.2 公司类型

（1）私营股份有限责任公司：成员的责任由其所持有的股份数量确定。

（2）私营担保有限责任公司：成员的责任由其承诺对公司资产的贡献数量所确定。

（3）私营无限责任公司：公司成员的责任没有限制。

（4）上市公司：公司的股票向公众发售。只有上市公司才可以向公众发售股票。

对于大多数商家来说，最常见的类型是股份有限责任公司，它分为两种形式，即私营有限公司和上市公司。许多海外公司会选择私营有限公司的形式。海外公司在英国成立股份有限责任公司可以通过两种方式：完全控股的子公司（海外母公司拥有该公司 100%股份），或者合资公司（股份由不同参与者共同拥有）。

5.3.3 公司注册

注册公司须提交以下材料：

（1）公司的人员、注册的办公室地址等；

（2）声明该公司将遵守《1985 年公司法》；

（3）公司章程包括公司名称、注册地址、商业目标、公司拥有的权利以及内部管理方式等；

（4）注册时需支付注册费，现为 20 英镑（如当天注册需 80 英镑）。

上述文件的副本必须得到官方证明，如果原件系英文以外的其他语言写成，必须附上公证后的翻译文本。申请公司履行了有关法律程序，公司注册处将为该公司注册，并出具公司成立的注册证书。

以上程序适用于在英格兰或威尔士注册办公地点的公司，若公司在苏格兰或北爱尔兰成立，则须在当地注册。苏格兰与英格兰和威尔士的法规非常接近，北爱尔兰的法规也大致相同，但仍有部分区别。

5.3.4 劳工进入要求及工作签证

英国劳工市场近年来发生了很大变化。目前就业人口超过 2 900 万，创最高纪录。从 2003 年 11 月 13 日起，英国对打算在英国逗留六个月以上的免签证国民，实行新的签证要求。但对于签证国民，签证要求保持不变。不论在英国逗留多长时间，签证移民都要获得签证才能进入英国。

按英国法律规定，非欧盟国家公民到英国工作必须取得工作许可（Work Permit）。工作许可必须由雇主向政府申请，申请工作者本人不能参与，只能全力向雇主证明才能并配合雇主提供申请所需的个人材料。申请前，雇主需要通过刊登招聘广告来证明，无法在英国或欧洲经济区的劳力市场中找到合适的工作者。如果是公司内部调动、董事会一级或相当级别以及紧缺技能等职位的申请，则不需要经过广告招聘程序。英国工作许可计划中对上述这些类别均有详细说明。审核工作许可的申请由教育和技能部（Department of Education and Skill）下属的“工作许可处”（Work Permit UK）负责。一旦工作许可申请被批准，有关资料将转往英内政部，由该部审核相关的工作签证。整个过程大致需要两到八个星期。

英内务部关于工作许可的网页（Working in the UK）上有对雇主的详细指导意见，包括对雇主的要求、职位的广告发布要求、申请步骤、费用等。

工作许可不等于工作签证，有了工作许可大多都能得到工作签证。工作许可只准做申报的那份工作。一旦辞职或被解雇，工作许可即作废，工作签证也同时作废。根据规定，在此情况下，必须在 28 天内找到新工作并重新开始工作许可的申请，否则必须离境。有了工作许可，并不意味着可自由调换工作。如在同一雇主的不同部门转换工作，可以使用同一份工作许可。工作许可到期后，如仍为同一雇主工作，可申请工作许可延期。

5.4 投资相关机构

5.4.1 政府部门

（1）英国贸工部（Department for Trade and Industry，DTI）

英国贸工部是英国主要的经济管理部门之一，全面负责管理工业和贸易、科技、国际贸易政策和出口促进政策等，其目标是通过增强竞争力和提高科技水平，不断提升英国的生产率及其现代经济的可持续发展能力，协调贸易投资总署在出口、引资方面的职能。

与英国其他政府部门相比较，英国贸工部在不同历史时期都在经济与社会生活中发挥了重要的作用。主要职能是主管国内贸易、对外贸易、双边投资、区域经济合作、贸易政策、对外谈判、知识产权保护、市场秩序维护以及负责参与欧洲、多边经贸政策谈判和协调，以及欧盟外国别贸易政策谈判、交涉、市场开发等工作。

（2）英国外交部（Foreign & Commonwealth Office，FCO）

英国外交部的主要职能是保护英国及其公民的海外权益，针对公民海外旅行提出相关建议，促进海外贸易投资，增进国际文化交流。共有工作人员 16 000 名，其中英国国内 6 050 名。在贸易投资总署没有设立办公室的国家，英国外交部负责派遣商务外交人员，总体协调、参与贸工部及贸易投资总署的对外重大经贸决策问题等。

（3）英国国际发展部（Department for International Development，DFID）

英国国际发展部享有与贸工部同等地位，主要职能是促进发展，管理对外援助，降低全球贫困，英国外援包括国际发展援助、紧急人道主义援助和军事援助等内容。国际发展援助从援助性质上分为官方发展援助和非政府组织机构的援助和慈善活动等，但以官方发展援助为主。英国国际发展部以联合国千年发展目标为宗旨，在减轻贫困、减免债务、实施“良政”和人权、赋予妇女更多权利、改善卫生健康、教育、环境以及防止冲突和灾害诸方面都起着十分重要的作用。

5.4.2 商务业务主管机构

（1）英国贸易投资总署（UK Trade and Investment，UKTI）

英国贸易投资工作由贸工部和外交部分别承担，有关工作的协调，通过设在贸工部但又相对独立的贸易投资总署来进行，主要是制定相关贸易促进政策，创造高效、公平的贸易环境，提供广泛的咨询、信息、财务协助等方面的服务，向企业和其他部门提供贸易政策咨询。

英国贸易投资总署前身为英国贸易总署，2003 年 10 月更为现名。贸易投资总署行政总裁经公开选拔后，由外交大臣和贸工大臣推荐，由英国首相任命，列入英国外交部人事编制中。贸易投资总署下设四个司局，其中引资局的目的是通过向潜在投资商宣传在英投资的好处来吸引、保持投资并使投资增值。该部门为投资商提供包括设厂和扩建在内的所有方面的服务和支持。

（2）英国出口信贷担保署（Export Credits Guarantee Department，ECGD）

它是一个企业性质的官方部门，其业务由贸工部和财政部共同管辖。其主要职能是为英国的项目和生产资料出口商提供拒付款保险，为对外投资提供政治风险的保险，为私营保险公司对英国消费型出口的保险提供再保险。目前，英国出口信贷担保署与125个国家开展了业务，主要分布在亚太地区。

（3）英国地区派驻机构

英国贸易投资总署在英国境内12个地区设有办事处，分别为东南地区（South East）、伦敦地区（London）、东部地区（East）、西南地区（South west）、西米德兰地区（West Midlands）、东米德兰地区（East Midlands）、约克郡及亨伯地区（Yorkshire & Humber）、西北地区（North West）、东北地区（North West）、威尔士（Wales）、苏格兰（Scotland）及北爱尔兰（Northern Ireland），人员编制共计约4 600名。地区办事处主要职能是实施地区扶助政策、管理欧洲地区基金的使用及鼓励企业的创新，具体承办贸工部在该地区的事务性工作，并不直接处理有关外经贸政策问题。

地区办事处一般与地方政府中的外经贸促进机构相互配合，通过英国商务联系网、地区发展机构、商会、贸易协会、出口俱乐部等为该地区的企业、公司提供服务。

（4）英国商务联系网（Business Links）

英国商务联系网是官方支持企业的协作网络，共有56个，相当于官方在各地的基层经济机构，负责把官方的政策转化为具体的支持行动。其人员主要从贸工部、教育和就业部、环境、运输和地区发展署派，并聘用了私营企业、协会等公众团体的专家。英国商务联系网在对外经济贸易方面的工作是深入到各个行业的出口企业之中，给予全面的出口咨询与服务，其工作细致到帮助企业设计和革新出口产品式样，选定生产技术和工艺，以及开拓市场等。

（5）英国驻外商务机构

英国驻外商务机构由英国外交部、英国贸易投资总署、英国国际发展部分别派出。其中英国主要贸易伙伴和新兴市场国家一般都有英国贸易投资总署的派出人员，目前在美洲、亚洲、欧洲、澳洲共有53个办公室。英国外交部有224个驻外使领馆，在大国的使领馆设立经商处，但在部分国家的使领馆不设立经商处，如柬埔寨等。英国国际发展部在海外设有25个办事处，主要在发展中国家。上述机构一般都是英国驻外使领馆的组成部分。

5.4.3 半官方商务服务机构

英国有一些官方参与管理或赞助的对外经济贸易服务机构，如英国小企业服务局、专门技能基金会、英国食品协会、英联邦发展公司、工商联合会等众多的机构，通过其专业人员为英国企业提供出口和海外投资方面的信息和咨询服务，同时也加大了引资的功能。引资实际上成为与出口贸易并重的两个主要任务之一。

英国的贸易公司或企业在英国税收与海关局以及其他有关政府机构中注册后，即可以在国内外进行相应的商务活动，它们一般都参加当地的或本行业的商贸及行业组织（如各地区和城市的商会）。

5.4.4 商务服务中介组织

英国商会、贸易协会等中介组织数量颇多，在英国经济活动中起着重要的作用。其主要功能在于作为联系政府与企业的纽带，为其会员企业争取一个良好、公平、高效的商务环境。同时为会员企业提供必要的信息服务。

英中贸易协会是由英国贸工部和工业界共同资助的非营利性对华经贸促进机构。该协会一方面向贸工部提供有关中国市场环境情况，也向会员企业以及来自中国的企业官方团体提供咨询服务。英中贸易协会一向被英国政府视为获取中国商贸信息的首选机构，同时，英中贸易协会密切协同外交部和贸工部，承担许多政府不便出面的促进活动。

英中贸易协会的主要职能有：（1）提供市场信息：免费咨询并提供中国商贸资料，根据会员要求提供中国市场专门报告，出版英中贸易刊物等；（2）创造双边经贸合作机会：组织协助专门的贸易访华团，安排中国访英业务代表团的贸易会谈等；（3）其他支持与帮助：通过在华办事处协助英国公司的业务等。

英国国内其他类似的商协会中介组织，活动范围则更加广泛，对贸易的促进作用非常明显。以伦敦工商会为例，该会定期与政府有关部门会面，保证企业的意见得到及时反映；与多个经济研究机构密切联系，确保及时向企业提供准确信息；协助调查企业信用，增强企业之间合作的信心；与国外“商务合作中心”合作，为会员尤其是中小企业提供商务机会；提供涉及范围极其广泛的招投标信息等。

5.5 英国海外领地及双边协定

5.5.1 英国海外领地

英国海外领地包括安圭拉岛、英国南极领地、百慕大、英属印度洋领地、英属维尔京群岛、开曼群岛、福克兰群岛（阿根廷称“马尔维纳斯群岛”）、直布罗陀、蒙特塞拉特、皮特凯恩群岛、圣赫勒拿岛、阿森松岛和特里斯坦达库尼亚、特克斯和凯科斯群岛、南佐治亚和南桑威奇群岛以及索沃群岛，还有在塞浦路斯的基础区域。英国海外领地仍然对自己的事务负着相当大的责任。地方自治通常由行政会议和选举产生的立法机关提供。总督或专员是根据英国外交大臣的建议由英国政府任命的，并保留对外事务、国防和内部安全的责任。然而，在特克斯和凯科斯群岛调查发现腐败和无能的证据后，英国于 2009 年 8 月对其实施了直接统治，其总理被免职，宪法被暂停。2012 年 11 月大选后，英国恢复了对该地的统治。

许多领地现在基本上自给自足。然而，英国国际发展部在圣赫勒拿、蒙特塞拉特和皮特凯恩维持着发展援助计划。这包括为满足岛屿的基本需要而提供的预算援助，以及为促进经济增长和社会发展以促进经济自我可持续性而提供的发展援助。此外，所有其他英国海外领地程序都通过“跨领域”计划获得少量援助，解决诸如环境保护、灾害预防、艾滋病毒/艾滋病和儿童保护等问题。英国还根据需要向英国海外领地提供贷款，达到预先设定的限额，但如果它们遇到财务困难，英国则不承担任何责任。

许多英国海外领地，尤其是加勒比地区的英国海外领地，都受到了金融危机的严重打击。在开曼群岛、英属维尔京群岛、特克斯群岛、凯科斯群岛和安圭拉群岛，金融服务活动和旅游业的减少导致产出和政府收入下降。为了减轻危机的影响，这些地区正在重新确定政府支出的优先级，并寻求增加收入的方法。此外，与英国签署财政框架协议的英国海外领地可能要求更高的借款限额。

其中七个英国海外领地拥有金融中心：安圭拉、百慕大、英属维尔京群岛、开曼群岛、直布罗陀、蒙特塞拉特以及特克斯和凯科斯群岛。这些地区已承诺遵守经合组织关于自动交换纳税人财务账户信息的共同报告标准。它们已经与英国交换信息，并从 2017 年 9 月开始与共同报告标准下的其他司法管辖区交换信息。

经合组织全球税务透明和信息交流论坛将安圭拉评为“部分符合”国际商定

的税务标准。安圭拉在 2017 年寻求升级评级，但截至 2018 年 4 月仍保持“部分合规”。全球论坛已将其他六个地区评为“大体上顺从”。安圭拉、百慕大、英属维尔京群岛、开曼群岛、直布罗陀、特克斯和凯科斯群岛也承诺与英国进行双边互惠安排，在中央登记册或类似有效系统中持有受益所有权信息，以及为英国执法当局提供接近实时的信息访问。这些安排于 2017 年 6 月生效。截至 2018 年 5 月，英国政府即将采取立法措施，要求英国海外领地建立公司受益所有权的公开登记册。

5.5.2 英国主要海外领地

安圭拉：安圭拉是一个中立的税收管辖区。对于管辖区内的居民或非居民，个人或公司不存在收入、资本收益、不动产、利润或其他形式的直接征税。该地区没有汇率控制。非安圭亚人可以购买财产，但向外国人转让土地则须包括 12.5%的税。

英属维尔京群岛：英属维尔京群岛政府欢迎外国直接投资，并提供一系列奖励方案，旨在降低在英属维尔京群岛开展业务的成本。这包括在特定时期内减免公司税，但公司必须向英属维尔京群岛金融服务委员会支付初始注册费和年度许可费。非英属维尔京群岛居民不可获得皇冠土地赠款，但私人土地可在获得外国人土地持有许可证批准后出租或购买。对在英属维尔京群岛拥有房地产的英属维尔京群岛公司的房地产转让和股份转让征收印花税，百分之四的税率适用于贝朗格人，百分之十二的税率适用于非贝朗格人。对于根据英属维尔京群岛商业公司法注册成立的公司，不征收公司所得税、资本利得税、分支机构税或预扣税。对在英属维尔京群岛开展业务的所有雇主和个体经营者征收工资税。根据雇主的规模，按累进税率纳税。目前，小型雇主（工资总额低于 15 万美元，营业额低于 30 万美元，员工人数少于 7 人）的工资率为 10%，大型雇主的工资率为 14%。总报酬的百分之八从雇员身上扣除，剩余的责任由雇主承担。第一笔 10 000 美元的报酬不含工资税。

开曼群岛：开曼群岛没有直接税。在大多数地区，政府对出售的房地产征收 6%的印花税；但是，某些地区，包括七英里海滩，征收 9%的印花税。低于 300 000 美元的抵押贷款应支付 1%的费用，高于 300 000 美元的抵押贷款应支付 1.5%的费用。外国对财产和土地的所有权没有控制。投资者可以获得设备、建筑材料、机械、制造材料和其他工具的进口税减免。

福克兰群岛（阿根廷称“马尔维纳斯群岛”）：位于此岛的公司在第一笔 100 万英镑的基础上征收 21%的公司税，超过 100 万英镑的部分征收 26%的公司税。

低于 16 882 美元（12 000 英镑）的收入的个人所得税税率为 21%，高于此水平的收入税率为 26%。

直布罗陀：直布罗陀政府鼓励外国投资。直布罗陀经济繁荣，货币稳定，对流动资本或遣返股息几乎没有限制。公用事业、能源和燃料供应公司的企业所得税税率为 20%，所有其他公司的企业所得税税率为 10%。没有资本税或销售税。直布罗陀目前是欧盟的一部分，为改善该地区经济发展的项目接受欧盟的资助。

蒙特塞拉特：蒙特塞拉特政府欢迎新的私人外国投资。外国投资者可以购买房地产，但须获得持有外国土地的许可证，许可证的费用为购买价格的 5%。政府还对所有房地产交易征收 2.6%的印花税和转让费。在蒙特塞拉特的外国投资与当地投资受相同的税收规定约束，并且有资格享受免税期和其他奖励。蒙特塞拉特与美国、加拿大和欧洲有优惠贸易协定。政府允许 100%的外资拥有企业，但公用事业的管理仍然完全在公共部门。

圣赫勒拿岛：圣赫勒拿岛对外国投资开放，欢迎有意投资的公司表达兴趣。它的政府能够提供基于税收的奖励，这将根据每个项目的优点来考虑，特别是旅游项目。所有申请都由商业开发机构 St.Helena 企业处理。

皮特凯恩群岛：皮特凯恩群岛约有 50 个居民，约 29 名员工受雇于十个全职同等职位。该地区没有机场或安全港。居民以捕鱼、自给自足的农业和手工艺品为生。

特克斯和凯科斯群岛：这些岛屿实行“开放武器”投资政策。通过该政策，政府承诺简化商业许可证制度，响应移民政策，给予投资担保，长期租赁下的政府所有土地使用权，以及向合格投资者提供各种税收优惠。这些岛屿具有“不征税”的地位，但购房者必须为超过 25 000 美元的购房支付印花税。根据岛屿的不同，印花税税率可能高达 6.5%（购买金额达 25 万美元），8%（购买金额为 25 万 1 美元至 50 万美元），10%（购买金额超过 50 万美元）。

以上税务数据为截至 2017 年 4 月的最新数据。2017 年 9 月，两次 5 级飓风严重影响安圭拉岛和英属维尔京群岛，对福克兰群岛（阿根廷称“马尔维纳斯群岛”）、蒙特塞拉特岛和圣赫勒拿岛影响较小。飓风造成了广泛的电力中断和基础设施损坏。在恢复工作期间，某些政府服务暂时不可用。邮政目前没有关于这些风暴造成的投资损失金额的信息，在安圭拉岛、英属维尔京群岛、福克兰群岛（阿根廷称“马尔维纳斯群岛”）、蒙特塞拉特岛或圣赫勒拿岛也没有实际存在。

5.5.3 英国双边投资协定和税收协定

英国签署了 110 项双边投资条约，它们在英国被称为投资促进和保护协议。这些国家和地区包括：阿尔巴尼亚、安哥拉、安提瓜和巴布达、阿根廷、亚美尼亚、阿塞拜疆、巴林、孟加拉国、巴巴多斯、白俄罗斯、伯利兹、贝宁、玻利维亚、波斯尼亚和黑塞哥维那、巴西、保加利亚、布隆迪、喀麦隆、智利、中国、哥伦比亚、刚果、哥斯达黎加、科特迪瓦、克罗地亚、古巴、捷克、多米尼加、厄瓜多尔、埃及、萨尔瓦多、爱沙尼亚、冈比亚、格鲁吉亚、加纳、格林纳达、圭亚那、海地、洪都拉斯、中国香港、匈牙利、印度、印度尼西亚、牙买加、约旦、哈萨克斯坦、肯尼亚、朝鲜、肯尼亚、尼泊尔、尼加拉瓜、尼日利亚、阿曼、巴基斯坦、巴拿马、巴布亚新几内亚、巴拉圭、秘鲁、菲律宾、波兰、卡塔尔、罗马尼亚、俄罗斯、圣卢西亚、塞内加尔、塞尔维亚、塞拉利昂、新加坡、斯洛伐克、斯洛文尼亚、南非、斯里兰卡、斯威士兰、坦桑尼亚、泰国、汤加、特立尼达和多巴哥、突尼斯、土耳其、土库曼斯坦、美国、乌克兰、阿联酋、乌拉圭、乌兹别克斯坦、瓦努阿图、委内瑞拉、玻利瓦尔、越南、也门、赞比亚和津巴布韦。

有关完整的当前列表，包括实际条约，请参阅：

http://investmentpolicyhub.unctad.org/iia/countrybits/221 iiannermenu

英国目前与 100 多个国家签订了双边税收协定，并拥有十几个双重税收协定网络。

5.6 英国脱欧

2016 年 6 月 23 日，英国就其继续成为欧盟成员国举行了全民公决，英国公众投票决定退出欧盟。2017 年 3 月 29 日，英国开始正式退出欧盟程序。根据欧盟的规定，英国和欧盟有两年的时间就英国的撤军条款进行谈判。英国政治领导人曾表示，英国打算退出欧盟单一市场和关税联盟，并与欧盟谈判全面的经济伙伴关系，但欧盟和英国目前打算将关税联盟和单一市场的现状维持到至少 2020 年 12 月。围绕英国退出欧盟的条款以及未来的英欧关系条款的持续不确定性可能会影响英国作为美国公司投资目的地的整体吸引力。

截至 2018 年 5 月，在英国运营的公司将需要遵守欧盟通用数据保护条例。英国目前打算在英国退出欧盟后，将《全球发展政策报告》的要求转化为英国国内法。英国离开欧盟对欧盟和英国、英国和美国之间数据自由流动的影响目前尚不清楚。

5.6.1 英国经济预测

在2020年放缓之前，预计2019年英国经济增长将略有增长，前提是将顺利退出欧盟。在明确未来的贸易安排之前，一些与脱欧有关的不确定性仍将存在。扩张性的财政政策和缓慢的出口复苏预计将支持经济增长，而货币刺激计划将逐步取消。预计到2020年底通货膨胀率将缩减到2%。

由于通胀率高于目标，且仍存在较大的不确定性，英国货币政策应以非常缓慢的速度正常化。预计财政刺激将在2019年达到顶峰。

如果脱欧导致需求大幅下降，当局应作好进一步回应的准备。在经济上，首选的脱欧选择应该是达成一项协议，以确保与欧盟建立最密切的贸易关系，并使金融服务更容易进入海外市场。如果不能达成协议退出欧盟，需要采取临时措施来缓冲经济并支持流离失所的工人。

与脱欧有关的不确定性阻碍了经济增长。

自2016年以来，私人消费和投资增长均明显放缓，反映出不确定性和家庭购买力下降。房地产市场的活动受到抑制。自2016年初以来，房价通胀已经放缓，尽管疲软仍集中在伦敦。在公投后贬值的推动下，经过两年强劲的出口增长，2018年年初以来商品和服务的出口大幅下降，在某种程度上反映出一次性因素。

贸易流量最近有所反弹，2018年第三季度经常账户赤字占GDP的3.2%。

自2017年以来，通货膨胀率一直高于2%的通胀目标，这是由过去的货币贬值和最近更高的商品价格推动的。失业率处于历史低位，在2018年第二季度为4%，劳动力短缺已经出现。实际平均收益有所上升，但仍低于危机前的水平。

来自欧盟国家的移民数量正在下降，但是来自非欧盟国家的净移民数量的增加弥补了这一下降。

为了顺利过渡到后脱欧环境，需要采取恰当的政策措施。

该预测假设英国和欧盟在近期内就退出条件和过渡期达成一致，但仅界定了未来贸易关系的大致轮廓。这将消除一些短期的不确定性，但主要的不确定性仍将存在。

英格兰银行建议，如果顺利退出欧盟，政策利率的进一步提高和资产负债表的减少可能是必要的。考虑到普遍存在的不确定性，正常化的步伐应该是渐进的，并且要清楚地传达。

经过几年的整合，财政政策将在2019年变得宽松。卫生支出、基础设施和国防支出的增加，加上家庭所得税和其他税收的削减，2020年将占国内生产总值的0.8%，使增长率增加了约0.3个百分点。政府收入前景的改善意味着当局仍将实现其财政目标。

如果和欧盟未能达成协议，英国当局应随时准备作出反应。如果需求低迷，货币政策条件应保持宽松。除了让自动财政稳定器充分发挥作用外，政府还应关注促进生产力和长期包容性增长的措施，例如加大培训支出和低技能工人。

当局的目标应该是与欧盟签署一项退出协议，以确保最密切的贸易关系，包括金融服务。政府已经发布了一系列技术通告，以提高公民和企业对不接受协议可能产生的影响的认识。它提出立法，允许英国家庭和企业继续获得欧盟公司提供的金融服务。重要的是通过立法，建立临时制度，以防止金融和其他市场在必要时受到破坏。政府的政策应该寻求支持工人，而不是特定的部门或工作，如果贸易和生产因脱欧而转移，包括通过支持再培训。

预计增长将继续放缓。

在2020年放缓之前，受财政政策的推动，明年的经济增长将略有增长，需求增长将低于其趋势。货币政策收紧和大宗商品价格效应减弱，预计将使通胀率接近目标。预计失业率将小幅上升。在本财政年度达到峰值后，预计未来两年，公共债务占国内生产总值的比率将逐步下降。随着商品和服务出口的增长，经常账户赤字将缩小。

到目前为止，未能与欧盟达成退出协议是短期内最大的风险。经合组织的分析表明，在两年内，不达成协议的情况可能会使实际国内生产总值减少2%以上。英国与欧盟之间未来关系或过渡期延长的细节缺乏，以及由此产生的不确定性，可能会促使企业进一步推迟投资计划。相比之下，与欧盟保持最密切经济关系的前景将导致比预期更强劲的经济增长。

5.6.2 英国脱欧后与欧盟贸易的影响

英国企业目前可以在欧盟国家之间自由运输货物。对于海关而言，这意味着与欧盟其他国家进行贸易的企业无须进行任何海关进出口申报，其与欧盟的贸易不需缴纳进口税。

但如果英国未达成协议而离开欧盟，那么适用于与欧盟贸易的企业的程序将立即发生变化。这意味着英国和欧盟之间的自由流通和货物流动将结束。

英国税务与海关总署目前正在引进其新的海关申报服务，以取代其进出口货物系统的海关处理。

对于在英国与欧盟进行贸易的企业，影响将包括：

（1）企业必须对英国和欧盟之间的货物适用与目前在英国和欧盟以外国家之间的货物运输相同的海关和消费税规则。这意味着当货物进入英国（进口报关单）或离开英国（出口报关单）时需要报关。对于进口到英国的货物，货物承运人需要单独作出安全声明（根据进口货物所使用的运输方式，通常是运输商、航空公司、货运列车运营商或航运公司）。对于来自英国的出口，出口声明包括安全声明。

（2）欧盟对从英国收到的货物适用海关和消费税规则，与从欧盟以外收到的货物相同。这意味着欧盟将要求对来自或前往英国的货物进行海关申报，并要求对进口到欧盟的货物进行单独的安全和安保申报。

（3）对消费税货物的移动，消费税移动和控制系统将不再用于控制欧盟和英国之间的暂停关税移动。然而，它将继续用于控制在英国境内的免税货物的运输，包括进出英国港口、机场和海峡隧道的运输。这意味着，从欧盟进口消费税货物（包括暂停关税的货物）的企业必须在向英国进口货物后立即进行海关申报，并将货物置于海关或消费税暂停安排中，或者必须在此时支付关税。

5.6.3 英国脱欧后贸易关税变化

根据现行规则，对于在欧盟国家之间移动的货物，没有关税，也没有在货物移动过程中的常规干预。

对于从世界其他地方进入欧盟关税区的货物（第三国货物），需要办理进口申报，办理海关手续和检查，例如遵守欧盟法规，并且必须支付任何关税。

在支付了第三国货物的任何关税并遵守了任何其他手续后，这些货物可以在欧盟国家之间自由流动（它们处于“自由流通”状态），不再受常规控制。

但是，如果退出欧盟，英国与欧盟之间交易的货物将受到与第三国货物相同的要求，包括纳税。适用于进口到英国的每件商品的实际税率可能与欧盟共同关税下当前适用的税率不同。对于抵达欧盟边境的英国出口，欧盟将要求按照欧盟共同关税规定的税率缴纳关税。

如果没有达成协议，企业应注意以下事项：

（1）2018 年《税收（跨境贸易）法》将为英国提供必要的权力，以便英国在其离开欧盟时为英国进口产品设定自己的关税。

（2）与欧盟的贸易将采用非优惠的世界贸易组织（WTO）条款。这意味着欧盟最惠国关税和非优惠原产地规则将适用于英国和欧盟之间的货物。

（3）欧盟将对从英国进口到欧盟的货物实行最惠国税率。欧盟最惠国税率列在共同关税中，列为“erga omnes”（意思是“面向所有人”），而不是具体国家。

（4）2018 年《税收（跨境贸易）法》使英国能够为发展中国家制定英国贸

易优惠计划。英国打算向发展中国家提供与当前欧盟贸易优惠计划相同的准入水平。

（5）英国目前打算继续现有的欧盟自由贸易协定。维护这些利益对企业、消费者和投资者都具有明显的重要性，并将确保在离开欧盟时，这些条款的使用者能够顺利过渡。

（6）英国不计划立即偏离欧盟目前适用的英国贸易关税中公布的现行商品代码表，除非有必要保持一致或用于贸易救济目的。

如果没有达成协议，英国的贸易关税（详细说明适用于每种货物的进口税率和规则）将在 Gov.uk（英国官方网站）上免费提供。

然而，进入英国的货物进口商将无法再依赖 EU TARIC（欧盟综合关税）门户网站上公布的欧盟关税信息。

英国离开欧盟后将继续实行增值税制度。增值税提供的收入对于公共服务融资至关重要，与英国国内交易有关的增值税规则将继续适用于企业，就像现在一样。

如果没有达成协议就离开欧盟，英国政府的目标是尽可能地使增值税程序与现在的程序保持一致。这将为企业提供连续性和确定性。

但是，适用于英国和欧盟国家之间交易的增值税规则和程序将有一些具体的变化。英国政府已采取必要的决策和行动，以减轻这些变化对企业的影响。

在《企业增值税技术通知》中，政府宣布，在不进行交易的情况下，将对进口到英国的货物引入延期的进口增值税会计处理。这意味着，向英国进口货物的英国增值税注册企业将能够在其增值税申报表中说明进口增值税，而不是在货物到达英国边境时或之后不久支付进口增值税。这将适用于从欧盟和非欧盟国家进口的产品。

在作出这一决定时，政府考虑了企业的观点，并试图减轻任何不利的现金流影响，使增值税流程尽可能接近现在的流程。但是，价值高达 135 英镑（含 135 英镑）且不含消费税货物且经海关申报放行自由流通的包裹货物将不予延期记账。

如果英国未经协议而离开欧盟，则海外企业以包裹形式进入英国的货物应缴纳增值税。在这里，包裹是指在法律上定义为邮包的货物，包括信件、包裹、邮包或任何其他可以通过邮政发送的物品，即使它们是以不同的方式发送的。

如果英国在未达成协议的情况下离开欧盟，英国将不再是欧盟范围内增值税 IT 系统的一部分。

5.6.4 英国脱欧后贸易救济

英国政府打算在英国退出欧盟时建立一个独立的贸易救济制度，该制度将由英国贸易救济管理局（TRA）运作。该机构是一个新的独立机构，负责调查对不公平贸易做法和不可预见的进口激增的投诉，这种投诉会对英国工业造成损害。

贸易救济措施允许世界贸易组织（WTO）成员建立一个安全网，保护其产业免受不公平贸易做法（如倾销或补贴进口）或不可预见的进口激增所造成的损害。这通常采取对这些进口产品征收附加税的形式。

欧盟成员国支持英国工业通过欧盟贸易救济体系获得必要的保护。目前，欧盟委员会正在调查对不公平贸易做法或不可预见的进口激增的投诉，任何贸易补救措施都是在欧盟范围内实施的，而不仅仅是在英国。

生产商目前向欧盟委员会提交调查申请。只有在有充分证据表明欧盟生产商受到损害的情况下才能进行调查。具体来说，应用程序需要证明以下充分证据：

（1）倾销或补贴货物，或不可预见的进口激增，对国内产业造成损害；

（2）满足与进口量和损害有关的世贸组织常设要求；

（3）投诉是代表欧盟行业提出的，即代表至少占欧盟特定货物总产量25%的生产商受到影响。

当准备在欧盟以外实施一项独立的贸易政策时，英国正在建立一个满足英国需求的贸易救济体系。还通过维护对英国至关重要的欧盟措施，优先考虑业务的确定性和连续性。在无协议情况下，TRA 将在英国离开欧盟时开始运作，英国企业将需要与 TRA 接洽，而不是与欧盟委员会接洽，投诉涉及贸易补救措施。

英国认识到英国制造商和生产商在欧盟的经济中所扮演的关键角色。英国政府致力于确保英国工业得到它所需要的保护，以防止不公平的贸易做法和导致损害的不可预见的进口激增，但其也将确保通过采取相应措施来考虑对消费者和最终用户的影响。

英国政府正在为世贸组织允许的全套工具立法，以解决这些做法对英国工业造成的损害。贸易法案将使 TRA 成为一个新的非部门公共机构，而《2018 年税收（跨境贸易）法》规定了 TRA 将负责提供的贸易救济框架。

5.6.5 英国脱欧后过程变化

已经投放市场的欧盟商品将能够继续在英国流通。此外，符合欧盟要求（并由欧盟认可的合格评定机构测试）的货物仍可以投放英国市场。这是一个时间限制的措施。

英国认证机构进行的合格评定结果将不再被欧盟认可。这意味着，如果没有欧盟认可的合格评定机构的重新测试和重新标记，英国认证机构测试的产品将无法再投放欧盟市场。

对于涉及的领域，总部设在英国的公告机构将获得新的英国“批准机构”地位，并在新的英国数据库中列出。经批准的机构将能够根据英国的基本要求评估英国市场的产品（在无协议情况下，在退出日后立即与欧盟的基本要求相同）。

在英国市场销售商品的制造商将能够在将产品投放到英国市场之前贴上新的英国合格标志。船用设备将有一个单独的英国标记来代替车轮标记。制造商如果在通过欧盟认可机构对其产品进行评估后使用了相关的欧盟标志，则无须在无协议情况下从出口处使用这些标志。这将是一个时间有限的安排。

英国认证服务局作为英国国家认证机构的作用，包括对大多数英国合格评定机构而言，仍将保持现状。

现有协调标准（用于证明符合欧盟基本要求）将成为英国的“指定标准”，用于证明符合英国基本要求。如上所述，出口后，这些将与欧盟基本要求相同。

这对制造商意味着：

（1）符合欧盟要求的产品可继续投放英国市场，无须重新测试或重新标记，包括在退出日后证明符合欧盟要求的产品。这将适用于一个有限的时间段，并在该时间段结束前向企业发出充分的通知。

（2）只要英国认可的合格评定机构进行了所需的任何第三方测试，符合英国要求并带有英国合格标志的产品就可以投放英国市场。

（3）对于本通知涵盖的产品领域，英国的通知机构将在 2019 年 3 月后成为英国批准的机构，并将在新的英国数据库中列出。

（4）由英国认证机构测试的产品在进入欧盟内部市场之前，需要由欧盟认可的合格评定机构重新测试。

可以在 NANDO 数据库中找到欧盟认可的合格评定机构列表。在无协议情况下，基于英国的机构将不再在此数据库中列出。

（5）或者，制造商可以寻求安排将其文件转移到欧盟认可的通知机构，以允许由英国的通知机构颁发的合格证书继续有效。

（6）在上述任何一种情况下，需要第三方测试的产品都需要重新标记新的欧盟认可的认证机构的认证。

5.6.6 英国脱欧后从欧盟进口的变化

在没有协议的情况下，英国与欧盟开展的贸易将广泛遵循适用于世界其他地区的海关管制——进口商需要调整业务以符合这些新系统、流程和管制：英国如果在没有达成协议的情况下离开欧盟，从欧盟进口将受到海关管制，就像企业目前从欧盟以外的国家进口货物一样。这意味着需要对从欧盟进入英国的货物进行进口申报，也意味着可能会接受海关检查，需要支付新的英国贸易关税要求的任何关税，以取代欧盟共同关税。

英国税务海关总署正在引入新的过渡简化程序，以便在英国离开欧盟后的最初阶段更容易通过滚装船、滚装港和通道进口，如果没有协议的话。预计在贸易商准备好使用世界其他地区的流程和永久性安排到位（至少需要一年）之前，过渡简化程序将保持不变。目前已经开始在线注册英国税务海关总署新的过渡简化程序，使其在2020年4月之前更容易进口。

一旦注册了过渡简化程序，则能够：

● 将大部分货物运输到英国，无须在港口进行完整的海关申报。

● 推迟缴纳关税。

但是，对于受管制货物，如动物产品和大多数植物，或消费品，如酒精或烟草，则必须在进口前提供一些海关信息。英国政府已经在政府官网上发布了关于过渡简化程序的进一步指导，包括过渡简化程序适用的位置。

从欧盟进口货物之前则需要：

● 拥有英国经济运营商注册和识别编号。脱欧后，需要一个该编号才能继续进口货物，在申请授权之前，则更容易进行海关手续。

● 确保合同和国际服务条款（国际贸易术语解释通则）表明其身份现在是进口商。

● 考虑如何提交进口申报。这取决于是选择自己申报还是通过第三方申报，如报关行、货运代理或物流供应商（见下文更多信息）。如果选择自己这样做，那将需要从英国税务海关总署获得正确的软件和必要的授权，而这需要支付相关费用。国际贸易中使用的主要海关申报单称为单一行政文件。可以使用报关服务或进出口货物的海关处理（主管）以电子方式提交单一的管理文件。检查如何完成海关申报。

● 检查是否需要进口或出口货物的许可证，可能还需要申请进口许可证或提供证明文件，以便将特定类型的货物进口到英国，或满足相关海关进口程序的条件。

● 找出商品的商品代码。商品代码对商品进行分类，以便：

——准确填写进口报关单

——检查是否需要缴纳英国进口税

——了解免税品。

正确分类商品意味着：

——支付正确的关税、消费税和/或增值税金额

——了解的任何货物是否暂停纳税。

——知道是否可以适用任何优惠税率。

——知道是否需要获得进口许可证。

● 计算出商品的价值。你需要知道你的货物的价值才能计算出关税、消费税和/或增值税的水平。

● 检查是否适用任何减免。关税减免计划允许你对进出口货物少缴或不缴关税。了解更多关于浮雕的信息。

● 检查是否可以使用任何海关程序。可以使用海关程序暂停向英国税务海关总署缴税。它们帮助企业管理现金流。

● 如果使用英国滚装船和滚装地点，例如，卡车或面包车通过渡船或火车，那就需要在货物登上渡船或火车之前申报货物。

● 进口时，应在货物到达英国之前，作出安全声明。

● 支付货物关税。一些货物受益于暂停征税制度。你的货物也可能要承担额外的关税，如反倾销税。

从第三方获得帮助：

有第三方可以帮助海关处理和运输的货物，这些是：

● 货运代理。

货运代理：货运代理是指为进出口商在世界各地运送货物的服务。货运代理将安排过境货物的清关，他们将拥有与英国税务海关总署系统通信的正确软件。英国国际货运协会和出口协会网站上有更多关于这方面的信息。

● 海关代理或经纪人。

海关代理或经纪人：海关代理或经纪人确保的货物在运往英国最终交货地点的途中通过海关清关。海关代理人或经纪人将担任直接代表或间接代表。

● 快递行业（快速包裹运营商）。

速递行业：速递行业涉及专门从事文件、包裹和货运的时间关键运输服务的运营商。这些快速包裹运营商提供全世界、集成、门到门运输服务。

他们全程跟踪和控制货物。

软件供应商：软件供应商提供软件，使能够以电子方式向英国税务海关总署系统进行报关。

从欧盟进口货物时需要：

- 具有有效的经济运营商注册和识别编号。
- 确保的承运人，可以是运输公司，也可以是渡轮或火车运营商，根据交通类型，在适当的时候提交安全申报。
- 使用他们的软件向英国税务海关总署提交进口报关单，或让报关行、货运代理或物流供应商办理进口报关单。
- 支付增值税和进口税，包括消费税货物的消费税，除非货物进入暂停关税状态（例如海关或消费税仓库）。使用的是仓库，则需要提供财务担保，以承担货物在转移到仓库时的关税责任。进口增值税也可能到期（见下文“处理进口增值税”）。

如果目前使用仓库存储从欧盟进口的货物，那就需要确保仓库空间被授权为临时仓库或海关仓库，有时也称为保税仓库。

如果使用自己的经营场所，需要考虑是否需要额外的海关授权。如果需要，请提前与相关单位联系，以确保有足够的时间进行更改。如果将货物存放在仓库供应商处，可能需要与他们联系，以检查他们的仓库是否有适当的授权。

临时储存：

临时储存设施是指位于海上或机场批准区域之内或之外的地方，在将非英国货物放入海关程序或出口之前，可以将其储存90天。

临时存储允许在海关监管下存储收费商品，然后再执行以下操作：

- 将其置于海关程序之下。
- 释放它们以便自由流通。
- 出口到英国以外。

消费税流程将如何更改：

进口到英国的烟草制品、酒精和燃料必须缴纳消费税。关税表中公布产品清单和消费税税率。在进口时，必须支付到期的消费税，或将消费税货物置于海关或消费税暂停安排之下。

消费税货物一旦离开海关暂停安排，可能会立即进入消费税暂停制度，因此需要在消费税移动和控制系统上申报货物，以便通过注册发货人在英国继续移动。

办理进口增值税：

如果在没有达成协议的情况下离开欧盟，英国政府将对进口到英国的货物引入延期的进口增值税会计。这意味着，如果是一家英国增值税注册企业，向英国进口货物，将能够在同一增值税申报表上申报和收回进口增值税，符合正常的税收规则，而不是在货物到达英国边境时支付进口增值税。需要在报关单上提供增值税注册号。这将适用于从欧盟和非欧盟国家进口的产品。

为了达成这一决定，英国政府考虑企业的观点，并试图减轻任何不利的现金流影响，并确保增值税流程尽可能接近现在的情况。为了确保公平待遇，在不进行交易的情况下，将能够以同样的方式从非欧盟国家缴纳进口增值税。这将帮助充分利用全球贸易机会。

英国将尽快发布更多的指导意见，详细说明会计和记录保存要求。但是，价值高达 135 英镑（含 135 英镑）且不含消费税货物、经海关申报放行自由流通的包裹货物将不予延期记账。

境外企业寄包裹增值税：

如果英国未达成协议而离开欧盟，则海外企业以包裹形式进入英国的货物应缴纳英国增值税。包裹是指在法律上定义为邮包的货物，包括信件、包裹、邮包或任何其他可以通过邮政发送的物品，即使它们是以不同的方式发送的。

低值寄售减免——英国进口减免：

价值不超过 15 英镑的货物增值税将不再适用于抵达英国的任何包裹托运。这将使英国与低值寄售减免的全球旅行方向保持一致。

这意味着，所有以包裹托运方式进入英国的海外企业发送的货物，将承担增值税，除非根据国内规则（例如零税率儿童服装）已免除增值税。

对于价值高达 135 英镑（含 135 英镑）且不含消费税货物且海关宣布放行自由流通的包裹货物，基于技术的解决方案将允许从在英国销售货物的海外企业收取增值税。海外企业将在购买时收取增值税，并预计将在英国税务海关总署数字服务注册，并在应缴纳增值税的账户中注册。

这项新的在线服务将是一项为海外企业提供的注册、会计和支付服务。在注册时，企业将获得一个唯一的标识符，该标识符将伴随它们发送到英国的包裹托运。然后，它们将申报这些包裹的增值税，并通过它们的在线账户支付。这确保了在包裹上支付增值税的过程不会对英国消费者和企业造成困难。

这项在线服务将于 2019 年 3 月 29 日前提供，供海外企业注册。

对于价值超过 135 英镑的包裹托运货物，增值税将继续按照当前非欧盟国家包裹托运程序从英国接受者处收取。增值税也将继续按照现行程序对作为包裹托运发送的所有消费税货物征收，并可能在其供应商不符合 HMRC 新包裹政策的情况下征收。英国税务海关总署正在与相关行业利益相关者合作，并将很快提供进一步的信息。

进口英国车辆增值税：

如果未达成协议而离开欧盟，英国应继续使用车辆到达通知程序系统通知英国税务海关总署从国外运入英国的车辆，以确保正确支付增值税。

当英国离开欧盟时，从欧盟向英国转移货物的规则将发生变化，因此，从欧盟国家运入英国的车辆应缴纳进口增值税。与目前从非欧盟国家进口的车辆一样，还将提供某些减免。

驾驶车辆牌照局不会登记带进英国供英国道路使用的车辆，除非其有有效的车辆到达通知程序或已使用驾驶车辆牌照局安全注册计划进行注册。

增值税 IT 系统的变更：

如果在没有达成协议的情况下离开欧盟，英国将不再是整个欧盟增值税 IT 系统的一部分。

英国增值税小型一站式服务：它是一种在线服务，允许向其他欧盟国家的消费者销售数字服务的欧盟企业通过在其本国的单一退货和付款来申报和支付增值税。非欧盟企业也可以通过在欧盟国家注册来使用该系统。

在无交易的情况下，将无法再使用英国的增值税小型一站式服务门户报告和支付英国离开欧盟后向欧盟消费者销售数字服务的增值税。

欧盟增值税退税电子系统：将无法再使用欧盟增值税 RES，但可以继续使用非欧盟业务的现有流程向欧盟国家申请增值税退税。如希望申请退款，需要了解承担费用的各个国家的流程，因为这可能因欧盟国家而异。

欧盟 VIE 增值税编号验证：此服务允许企业检查客户或供应商的增值税编号是否有效。仍然可以使用 VIE 检查欧盟企业增值税登记编号的有效性。但脱欧之后，英国增值税注册号将不再是该服务的一部分，而将在英国政府官网上提供仅限英国的在线增值税编号检查程序。这对于某些企业来说非常重要，以便进行尽职调查。

北爱尔兰企业从爱尔兰进口：

英国政府明确表示，在不达成协议的情况下，英国必须尊重与爱尔兰的独特关系。英国与爱尔兰共享陆地边界，并且是贝尔法斯特协议的共同签署国。

英国政府一贯将维护协议及其继承人置于英国方法的核心。英国认识到它为爱尔兰岛的深层次经济和社会合作提供了基础。

英国政府有责任继续为各种潜在结果作准备，包括不达成任何协议。在这种情况下，英国将随时准备建设性地参与，以履行我们的承诺，并以北爱尔兰人民的最大利益为出发点，认识到在这种独特和高度敏感的背景下，缺乏英国–欧盟法律协议将带来非常重大的挑战。这将包括参与陆地边境贸易安排。英国将在适当的时候提供更多的信息。

爱尔兰政府表示，如果不与欧盟委员会和欧盟国家达成协议，它将需要讨论有关安排。英国建议，如果跨越陆地边界进行贸易，应该考虑是否需要爱尔兰政府就需要作的准备提供建议。

知识产权：

知识产权赋予拥有权利（权利持有人）的企业、组织或个人特定的排他性权利，包括控制受保护产品分销的权利。知识产权耗竭，是指权利人将知识产权产品在特定领域投放市场，或者经其许可，丧失对该产品分销和转售的控制权。

英国目前是欧洲区域经济区耗竭计划的一部分，这意味着一旦知识产权在EEA内任何地方经权利持有人许可投放市场，知识产权即被视为耗竭。

在“不交易”的情况下，英国将从退出之日起继续承认欧洲经济区区域耗竭制度，以在短期内为企业和消费者提供连续性。

这种做法意味着影响英国货物进口的规则不会发生变化，从事这项活动的企业可能会继续受到影响。

英国对欧洲经济区区域耗竭区的持续认可将确保药品等平行进口可以继续从欧洲经济区进口。平行进口是指进口到该产品的知识产权已经用尽的国家的非假冒产品。

对英国企业的影响是，在英国退出欧盟后，由权利持有人在欧洲经济区市场上放置的或经权利持有人同意放置的知识产权保护货物将继续被视为在英国耗尽。这意味着从欧洲经济区向英国平行进口这些货物将不会受到影响。

英国政府目前正在考虑在这一临时时期之后如何运作耗竭制度的所有选择，并正在进行一项研究计划以支持这一决定。政府将与商业代表、行业协会和其他利益相关者密切合作，探讨该计划的影响。

知识产权局还公布了一份关于知识产权和欧盟退出的情况说明书。

相互承认原则下的交易：

一些制成品，如家具、纺织品、自行车和炊具，受国家法规的约束，而非欧盟范围的法规。

这些非协调货物可以根据相互承认原则在欧盟市场上流通，这就阻止欧盟国家禁止销售在另一个欧盟国家合法销售的货物。即使各国对同一货物有不同的国家要求，这一点也适用。

例如，按照法国国家要求制造并在法国销售的自行车可以合法地在其他欧盟国家销售，即使这些国家可能对自行车有不同的国家要求。

相互承认原则的唯一例外是欧盟国家可以基于公共安全、公共政策和公共道德等理由引入的限制。

出于上述原因，欧盟国家限制这些货物流通的权利受欧盟相互承认条例（764/2008）的管制。除了制定规则和程序外，欧盟还在每个成员国建立了产品联系点，以响应有关国家法规信息的请求。

过程将如何改变：

在没有协议的情况下，英国将不再属于相互承认原则的范围。

这意味着，如果将非协调货物进口到英国，需要确保它们符合英国国家的要求，即使的货物以前在另一个欧盟国家合法销售。

同样，向英国出口非协调货物的非英国企业将需要确保货物符合英国国家要求，无论这些货物以前是在其他欧盟国家或英国合法销售的。

根据“新方法”，欧盟立法监管的贸易货物规定了规则或“基本安全要求”，某些产品在投放欧盟市场前必须满足这些规则或“基本安全要求”。

针对脱欧，进口商现在应该采取的行动：

（1）注册英国经济运营商注册和识别号码。阅读有关如何执行此操作的详细信息。

（2）决定你是想雇用一个代理为你做进口申报，还是你自己做进口申报（通过购买与 HMRC 系统交互的软件）。

——如果想通过代理人申报，请尽快指定一名代理人。

——如果想自己使用软件进行声明，请与软件供应商联系，以确保他们的产品满足的需求，具体取决于是导入还是导出，或是两者兼而有之。

（3）如果不能指定代理，或认为这不是业务的正确解决方案，并且打算定期进口或出口：

——确保的业务中有人接受过海关申报培训。

● 购买连接到 HMRC 系统的专业软件

● 注册国家出口系统。

（4）如果适合的业务，可以在线注册过渡简化程序，但应注意：

● 需要使用的经济运营注册和识别编号进行注册。

● 如果进口受管制货物，如动物产品和大多数植物，或消费品，如酒精或烟草，必须在进口前提供一些海关信息。

● 在英国政府官网上阅读关于过渡简化程序的进一步指导，包括过渡简化程序适用的位置。

（5）联系运输货物的组织（如运输公司），了解是否需要向它们提供更多信息，以便为进口的货物进行安全声明，或者是否需要自己提交这些声明。

（6）如果当前使用仓库存储从欧盟进口的货物，那么可能需要检查仓库空间是否被授权为临时仓库或海关仓库。如果使用自己的场所，需要考虑是否需要额外的海关授权。如果将货物存放在仓库供应商处，可能需要与它们联系，以检查它们的仓库是否有适当的授权。

（7）如有必要，采取措施重新谈判商业条款，以反映关税和消费税程序的任何变化，以及适用于英国－欧盟贸易的任何新关税。

（8）如果处理的是知识产权保护产品，可能希望就“不交易”方案如何影响的商业模式或知识产权征求法律意见。

（9）如果根据相互承认原则进行贸易，请检查进口到英国的货物是否符合相关英国国家法规。这份清单并不详尽。

（10）如果跨越北爱尔兰和爱尔兰共和国之间的陆地边界进行贸易，除了英国政府规定的指导外，还应考虑爱尔兰政府发布的关于需要作的准备的任何建议。

（11）如果英国不签署协议就离开欧盟，那么前往欧洲大多数国家的护照规则将会改变。欧盟成员国持有英国护照，如果没有脱欧协议，并且如果相关，应确保的员工和客户了解潜在的变化。

5.6.7 英国脱欧后从欧盟出口的变化

与欧盟开展的贸易将广泛遵循适用于世界其他地区的海关管制——出口商需要调整业务以符合这些新系统、流程和管制。如果英国在没有达成协议的情况下离开欧盟，将需要按照目前企业向非欧盟国家出口货物时的方式遵守海关程序。HMRC 希望确保贸易商在脱欧后获得正确的授权，以确保贸易能够持续流动。

在向欧盟出口货物之前需要：

- 拥有英国经济运营商注册和识别编号。脱欧之后，需要这个编号才能继续出口货物，在申请授权之前，这将使更容易进行海关手续。
- 确保的合同和国际服务条款和条件（国际贸易术语解释通则）反映出现在是一个出口商。
- 考虑如何提交出口申报。这取决于是选择自己提交出口报关单，还是通过第三方（如报关行、货运代理或物流供应商）提交出口报关单（见下文第三方的更多信息）。如果自己选择这样做，将需要正确的软件和来自英国税务与海关总署的必要授权，这两个都需要时间来设置。
- 找出商品的商品代码。商品代码对商品进行分类，以便准确填写出口申报单。
- 研究要发送到的目的地。这些背景信息，连同货物的商品代码，将有助于确定货物在目的国是否需要缴纳进口税。
- 检查是否需要出口货物的许可证。可能还需要申请出口许可证或提供证明文件，以便从英国出口特定类型的货物，或满足相关海关出口程序的条件。

● 检查是否为限制货物。将始终需要出口许可证：

——军事和准军事物资

——两用和技术

——某些艺术品

——动植物

——药品和化学品

● 为有些货物选择正确的海关程序代码。海关程序代码根据的业务需要确定可能需要使用的海关或消费税程序。

● 支付货物关税。一些商品受益于成人停职制度。你的货物也可能要承担额外的关税，如反倾销税。

向欧盟出口货物时需要：

● 具有有效的经济运营商注册和识别编号。

● 使用英国税务与海关总署的国家出口系统提交出口申报。它在海关处理进出口货物（Chief）系统内运作，该系统控制国际货物的移动。有的出口报关单可能需要提前提交，以便在货物离开英国之前获得出口许可。出口申报也算作安全和安保申报（出口汇总申报）。

● 如果使用代理、快递或货运代理提交出口申报，请填写商业发票。商业发票上必须注明你出售商品的价格。必须单独列出任何运费或出口保险的价格（可能已包含在销售价格中）。

从第三方获得帮助：

有第三方可以帮助海关处理和运输的货物，这些是：

● 货运代理。

货运代理：货运代理是指为进出口商在世界各地运送货物的服务。货运代理将安排过境货物的清关，他们将拥有与英国税务与海关总署系统通信的正确软件。英国国际货运协会和出口协会网站上有更多关于这方面的信息。

● 海关代理或经纪人。

报关员或经纪人：报关员和经纪人确保的货物在运往英国最终交货地点的途中通过海关清关。海关代理人或经纪人将担任直接代表或间接代表。

● 快递行业（快速包裹运营商）。

速递行业：速递行业涉及专门从事文件、包裹和货运的时间关键运输服务的运营商。这些快速包裹运营商提供全世界、集成、门到门运输服务。快递商全程跟踪和控制货物。

软件供应商：软件供应商提供软件，使之能够以电子方式向英国税务与海关总署系统进行报关。

消费税流程将如何更改：

如果企业从英国出口消费税货物，必须遵循正确的程序，这取决于货物是否处于消费税暂停安排或支付的消费税。你可以收回从英国出口的货物的消费税。

如果要向欧盟出口暂停关税的消费税货物，需要继续使用消费税移动和控制系统记录从英国仓库或场所到英国出口地的移动情况。

处理出口增值税时，如果你是增值税注册企业，你将继续能够零税率销售货物给欧盟企业，但你将不需要填写欧盟委员会的销售清单。这意味着这些销售的记录方式将发生变化。

需要保留证据来证明货物已离开英国，以支持对供应的零评级。

大多数企业已经将这些证据作为当前流程的一部分。你需要的证据将类似于目前向非欧盟国家出口所需的证据，但任何差异都将在适当的时候提出建议。

如果向欧盟消费者销售商品，那么远程销售安排将不再适用于的业务，并将能够对销售进行零税率。

现行欧盟规则意味着，欧盟国家将按照与其他非欧盟国家相同的方式对待从英国进入欧盟的货物，并在货物进入欧盟时缴纳相关的进口增值税和关税。

个别欧盟国家对非欧盟国家可能有不同的进口增值税规则，进口货物时，进口增值税可能在边境处支付。应查看相关欧盟国家的相关进口增值税规则。

英国企业向该国客户销售其在欧盟国家存储的商品

如果英国在没有达成协议的情况下离开欧盟，你将能够按照目前世界其他国家的规则，继续向欧盟客户销售你在欧盟国家储存的货物。

现行的欧盟规则意味着仍需要在销售地的欧盟国家注册增值税，以说明这些国家应缴纳的增值税。

增值税 IT 系统的变更：

如果英国在没有达成协议的情况下离开欧盟，英国将不再是整个欧盟增值税 IT 系统的一部分。但是，仍然可以使用这些系统来处理在退出欧盟之前所做的交易。

英国增值税迷你一站式服务：它是一种在线服务，允许欧盟企业向其他欧盟国家的消费者销售数字服务，通过在其本国的单一退货和付款来申报和支付增值税。非欧盟企业也可以通过在欧盟国家注册来使用该系统。

在无协议的情况下，将无法再使用英国的增值税迷你一站式服务门户报告和支付英国离开欧盟后向欧盟消费者销售数字服务的增值税。

欧盟增值税退税电子系统（欧盟增值税退税）：将不再有权使用（欧盟增值税

退税），但可以继续使用非欧盟企业的现有流程向欧盟国家申请退税。

希望申请退款，则需要了解承担费用的各个国家的流程，并因为这可能因欧盟国家而异。

欧盟 VIE 增值税编号验证：此服务允许企业检查客户或供应商的增值税编号是否有效。仍然可以使用 VIE 检查欧盟企业增值税登记编号的有效性。脱欧之后，英国增值税注册号将不再是该服务的一部分，并在英国政府官网上提供仅限英国的在线增值税编号检查程序。这对于某些企业来说非常重要，以便进行尽职调查。

北爱尔兰企业向爱尔兰出口：

英国政府明确表示，在不达成协议的情况下，英国必须尊重与爱尔兰的独特关系，英国与爱尔兰共享陆地边界，并且是贝尔法斯特协议的共同签署国。

英国政府一贯将维护协议及其继承人置于我们方法的核心。

英国认识到它为爱尔兰岛的深层次经济和社会合作提供了基础。

英国政府有责任继续为各种潜在结果作准备，包括不达成任何协议。在这种情况下，英国将随时准备建设性地参与，以履行英国的承诺，并以北爱尔兰人民的最大利益为出发点，认识到在这种独特和高度敏感的背景下，缺乏英国－欧盟法律协议将带来非常重大的挑战。这将包括参与陆地边境贸易安排。

爱尔兰政府表示，如果不与欧盟委员会和欧盟国家达成协议，它将需要讨论有关安排。英国建议，如果跨越陆地边界进行贸易，应该考虑是否需要爱尔兰政府就需要作的准备提供建议。

知识产权耗竭：

知识产权赋予拥有权利（权利持有人）的企业、组织或个人特定的排他性权利，包括控制受保护产品分销的权利。知识产权耗竭，是指权利人将知识产权产品在特定领域投放市场，或者经其许可，丧失对该产品分销和转售的控制权。

英国目前是欧洲区域经济区耗竭计划的一部分，这意味着一旦知识产权在 EEA 内任何地方经权利持有人许可投放市场，知识产权即被视为耗竭。

在“不交易”的情况下，英国将从退出之日起继续承认欧洲经济区区域耗竭制度，以在短期内为企业和消费者提供连续性。

这种做法意味着影响英国货物进口的规则不会发生变化，从事这项活动的企业可能会继续受到影响。

然而，英国向欧洲经济区平行进口货物可能会受到限制。对英国企业的影响是，在英国退出欧盟后，由权利持有人或经权利持有人同意放置在英国市场上的货物不会被视为在欧洲经济区耗尽。这意味着从英国向欧洲经济区出口这些货物的企业可能需要权利持有人的同意。

英国政府目前正在考虑在这一临时时期之后如何运作耗竭制度的所有选择，并正在进行一项研究计划以支持这一决定。政府将与商业代表、行业协会和其他利益相关者密切合作，探讨英国计划的影响。

知识产权局还公布了一份关于知识产权和欧盟退出的情况说明书。

相互承认原则下的交易：

一些制成品，如家具、纺织品、自行车和炊具，受国家法规的约束，而非欧盟范围的法规。这些非协调货物可以根据相互承认原则在欧盟市场上流通，这就阻止欧盟国家禁止销售在另一个欧盟国家合法销售的货物。即使各国对同一货物有不同的国家要求，这一点也适用。

例如，按照法国国家要求制造并在法国销售的自行车可以合法地在其他欧盟国家销售，即使这些国家可能对自行车有不同的国家要求。

相互承认原则的唯一例外是欧盟国家可以基于公共安全、公共政策和公共道德等理由引入的限制。

出于上述原因，欧盟国家限制这些货物流通的权利受欧盟相互承认条例（764/2008）的管制。除了制定规则和程序外，它还在每个欧盟国家建立了产品联系点，以响应有关国家法规信息的请求。

在没有协议的情况下，英国将不再属于相互承认原则的范围。

这意味着，如果向欧盟市场出口非协调货物，需要考虑出口到的第一个欧盟国家的国家要求。无须考虑任何欧盟国家的国家要求，货物在到达其拟投放市场的欧盟国家之前必须经过。

如果已经通过满足相关国家要求向欧盟国家出口了非协调货物，仍然能够利用相互承认原则，并在其他欧盟国家销售的产品。

根据“新方法”管制的贸易货物：

欧盟立法规定了某些产品在投放欧盟市场之前必须满足的规则或“基本安全要求”。

出口商现在应该采取的行动：

（1）注册英国经济运营商注册和识别编号。

（2）决定是想雇用一个代理进行出口申报，还是自己进行出口申报（通过购买与英国税务海关总署系统交互的软件）。

——如果想通过代理人申报，请尽快指定一名代理人。

——如果想自己使用软件进行声明，请与软件供应商联系，以确保他们的产品满足的需求，具体取决于是导入还是导出，或是两者兼而有之。

（3）如果不能指定代理，或认为这不是业务的正确解决方案，并且打算定期进口或出口：

——确保的业务中有人接受过海关申报培训；

——购买连接到 HMRC 系统的专业软件；

——注册国家出口系统。

（4）找出货物的商品代码。商品代码对商品进行分类，以便准确填写出口申报单。研究要导出到的目标。这些背景信息以及货物的商品代码将帮助确定货物在目的国是否需要缴纳进口税。

（5）为有的货物选择正确的海关程序代码。海关程序代码根据的业务需要确定可能想要使用的海关或消费税程序。例如，可能希望将货物进口到海关批准的仓库，以便可以暂停支付关税和增值税，直到它们从仓库发送给英国客户。

（6）联系运输的货物的组织（例如运输公司），了解是否需要向它们提供更多信息，以便其可以为货物作出安全声明，或者是否需要自己提交这些声明。

（7）如有必要，采取措施重新谈判商业条款，以反映关税和消费税程序的任何变化，以及适用于英国 – 欧盟贸易的任何新关税。

（8）如果处理的是知识产权保护产品，可能希望就“不交易”方案如何影响的商业模式或知识产权征求法律意见。

（9）如果根据相互承认原则进行贸易，请检查进口到英国的货物是否符合相关英国国家法规。这份清单并不详尽。

（10）如果英国不签署协议离开欧盟，那么前往欧洲大多数国家的护照规则将会改变。

第6章
英国社会文化环境

6.1 英国饮食

很长一段时间，英国饮食不像法国或意大利的饮食文化那样浪漫化。与其邻国不同的是，英国的进餐时间并不是一个旷日持久的社交活动。英国人一天的饮食包括基本早餐、快速午餐（可能在办公室吃），以及在家吃的晚餐。尽管如此，英国确实有一些民族菜肴和进餐传统，如英式早餐和著名的英国下午茶这类具有鲜明特征的饮食。

虽然平日的早餐一般都是经过加工的白吐司或谷类食品，但这个国家却是著名的“英国早餐”的发源地。早餐通常包括吐司、鸡蛋、培根、烤土豆、土豆饼、香肠、西红柿和蘑菇，这可能不是一天中最健康的开始，通常是为周末保留的。

商务早餐正迅速取代午餐会，因为它被认为更高效、更实用，让你一整天都在考虑讨论的内容。早餐通常在7点到9点之间吃，午餐在12点30分左右吃。与许多国家不同，午餐往往仅为填饱肚子，而不是像晚餐那样成为一个社交场合，许多英国人会去他们当地的酒吧喝啤酒。

另一具有特色的是“高级茶”，也被称为“下午茶”，那是一种源自德文郡和康沃尔郡的清淡的食物，两者都以奶油闻名。它通常在16点左右吃，传统上包括烤饼、奶油、草莓酱，有时还有三明治，当然还有一壶加牛奶的茶。

在英国的一些地方，晚餐也被称为茶或正餐，是英国饮食文化中每天最重要的一顿饭，通常在19点左右一家人聚在一起吃，比大多数欧洲国家早得多。周五晚上值得一提，因为那是传统的一晚，这顿晚餐要吃英国特色的炸鱼薯条。

传统英式早餐

英国著名的 Betty's 下午茶

Betty's 的银质茶具

星期天也有传统的菜单。英国家庭喜欢吃“烤肉晚餐”。尽管称为“晚餐”，但它是在午餐时间吃的，通常包括牛肉或鸡肉、烤土豆和其他为人喜爱的英国蔬菜，如胡萝卜和卷心菜，还有大量的肉汁。

英国国菜——炸鱼薯条

烤肉套餐

英国酒吧也是英国饮食的重要组成部分之一。Pub 这个词指 public house（酒吧），是英国社会文化的核心部分。酒吧提供一个工作日后放松的地方，晚上和朋友一起看足球。酒吧主要是酒馆，但大多数提供简单的英国菜，也被称为“酒吧粥”。特别受英国人喜欢的菜有烤牛排、羊排、猪排、烤鸡、英式早餐、农夫午餐，或者简单的三明治和薯片。许多酒吧同时也是客栈，提供舒适的客房，如果不是特别高标准，一般来说价格相对较低。

英国也有许多著名的餐馆，通常也是酒店。这种酒店经常出现在乡村的美丽地区，尤其是科茨沃尔德。此类流行时尚的餐厅出现在 20 世纪 60 年代末，遍布英国各地，提供高质量的英国烹饪，通常价格比普通酒吧要高很多。经典的菜肴通常包括英国肉，如猪肉，配以松露汁或薯条、自制酱汁或洋葱酱等配菜。

令人惊讶的是，备受喜爱的英国经典炸鱼薯条不再是英国的国菜。咖喱已经成为英国人最喜爱的食物，如今英国有 9 000 多家咖喱屋。传统的印度菜现在已经有了非常英式的风味，如鸡肉 Tikka Masala，据说是在格拉斯哥制作来满足英国味蕾的，因为这种酱汁应该像肉汁。

咖喱在第二次世界大战后变得流行起来，主要是由于孟加拉国移民的涌入，他们现在在英国拥有 65%的咖喱屋。拥有“英国咖喱之都”称号的城市包括莱斯特、格拉斯哥、伯明翰和布拉德福德。卡迪夫（通译“加的夫”），威尔士的首都，也因其令人印象深刻的咖喱屋而闻名。

英国的国际美食市场正在迅速发展，尤其是伦敦，也许是由于其社会日益多元化，几乎每个国家的餐馆都可以在伦敦找到。大多数英国城市都有许许多多餐馆，提供来自世界各地的食物。特别受欢迎的菜系包括亚洲、中东和北非菜，西欧餐厅提供的意大利菜或西班牙小吃也可以在大多数城市的大街上找到。

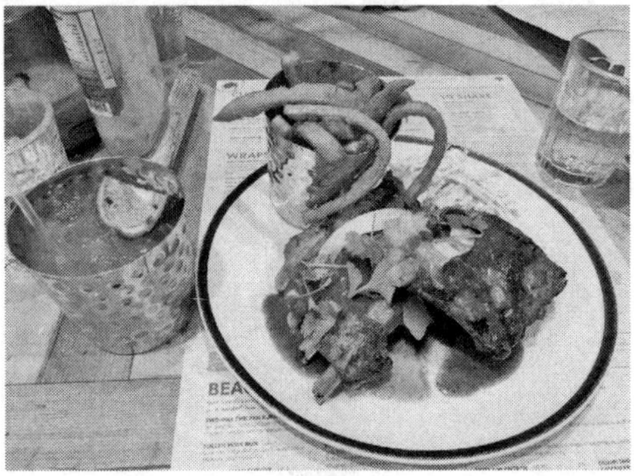

烤猪排配薯条

西班牙小吃 Tapas

英国的大多数餐馆也提供素食为顾客选择，大多数城市至少有一家完全素食或素食的餐馆。伦敦有很多素食餐馆，其中很多都可以在“超时”（TimeOut）网站上找到。

烘焙是英国饮食中极其重要的一种烹饪法。事实上，英国人以热爱加工白面包而闻名；许多城镇实际上拥有自己的本地面包店。烘焙也是英国文化的重要组成部分，正如英国电影学院获奖电视连续剧《英国烘焙大赛》（*The Great British Bake-off*）所示，这是一项业余烘焙比赛。大约有 1 555 万观众观看了 2015 年英国广播公司播出的最后一集，该节目激发了人们对烘焙的极大热情。许多英国超级市场报告烘焙原料的销售额急剧上升。如在线零售商奥卡多（Ocado），在 2015 年展会后，其烘焙用具类产品增长了 200%，而零售商约翰·刘易斯（John Lewis）百货公司的食品搅拌机销售额甚至增长了 300%。

没有什么东西比“下午茶”更能代表英国饮食文化的精髓了。英国的 Teatime 提供有一系列的甜烘焙食谱，最受欢迎的是被称为“烤饼”的甜面包，如上面提到的加奶油和果酱，或者以维多利亚女王的名字命名的简单的“维多利亚海绵蛋糕”。最受欢迎的蛋糕实际上是由两块海绵蛋糕组成的，含一层草莓保护层和奶油流。

英国人以吃甜食而闻名，还有无数的甜点配方可供操作。“面包加黄油布丁”是一个省钱的英国食谱，可追溯到11世纪，发明它是为了消耗陈腐的面包。尽管如此，这道菜还是很美味，从一道简陋的菜变成了一种深受喜爱的舒适食品。“苹果碎块”是另一种流行的英国食品，其背后有着悠久的历史，起源于第二次世界大战期间的食物配给。碎苹果由烘烤过的苹果、面粉和黄油做成底座，通常还加有大量的糖。著名的英国“小菜”包括浆果、奶油冻、果冻、海绵蛋糕、鲜奶油、饼干和一些巧克力。同样，甜点“伊顿餐后甜点”源自著名的伊顿公学，含有双奶油、蛋白酥皮和浆果。

英式下午茶

英国的各式甜点

6.2 英国体育

无论是喜欢坐在看台上喝彩，还是在球场上比赛，在英国，你作为一名观众或球员，参与体育运动的机会并不稀缺。说英国的体育运动很受欢迎是很容易理解的，这种热情早在2012年伦敦奥运会之前尤其高涨。

足球是迄今为止英国最受欢迎的体育运动，大多数报纸都会广泛报道足球赛。

当地酒吧的噪声之最会让你知道比赛激烈至何等程度。如果你住在体育场附近，不能抑制这种狂热的噪声，那你只能置身于这种境界。

足球比赛就像点球大战一样具有戏剧性。有很多关于这项运动属于的历史先行者的故事，但是我们今天所知道的投入比赛的足球就像炸鱼薯条一样是属于英国的。这项运动的诞生地是1863年的伦敦，当时“联合足球”和“橄榄球”各行其是，两项运动都被编入了法典。一个多世纪后，足球协会仍然是英格兰甚至是世界上最古老的足球管理机构。

英超联赛是英国足球联赛体系的皇冠明珠。每年有二十支球队参加比赛，四支重量级球队包括切尔西、曼联、利物浦和阿森纳。最近，曼城和托特纳姆热刺的强劲赛季已经将重量级球队从四支增加到六支。

曼联比赛现场

英国四个地区的体育运动各不相同，苏格兰有自己的联赛体系。它的顶级俱乐部在苏格兰超级联赛中效力，而威尔士的球队可以加入英格兰或威尔士足球联赛。

尽管有人批评足球联赛，但它在英国经济中扮演着不可否认的角色。体育慈善基金会每投资1英镑，就会产生7.73英镑。英超及其俱乐部在2013年至2014年期间对英国财政部的税收贡献总计24亿英镑，并在同一年对英国国内生产总值的贡献为34亿英镑。英超联盟还将资金投入球员、设施、青年学院和社区项目。

曼联比赛现场的观众席

除足球运动以外，在英国其他受欢迎的运动还有橄榄球、板球、高尔夫球、赛马和网球。伦敦作为足球运动的诞生地，还举办世界上最古老的网球锦标赛——温布尔登网球赛。此项比赛于1877年首次举行，每年6月底或7月初举行，持续两周。这是唯一一个仍在草地上进行的大型网球锦标赛，保持了“草地网球”的传统。

2017年5月26日英国利兹当地的一场橄榄球赛

比赛现场的中场啦啦队表演

英国其他年度顶级体育赛事包括 F1 英国大奖赛、卡地亚国际马球赛、英国高尔夫球公开赛、牛津剑桥划船赛、皇家阿斯科特赛马赛和国家级马拉松赛。

英国并不是世界上唯一一个让足球这项运动出名的国家。高尔夫运动至少以现代形式属于苏格兰；2015 年英国有 2 600 多个高尔夫球场。高尔夫运动无疑是最昂贵的活动之一。普通的高尔夫球手付费加入俱乐部，然后收取年费。2014 年，男性平均成人会员费为 845 英镑，女性为 848 英镑。

英国利兹当地每年 5 月的赛龙舟

2016 年 6 月在利兹举行的国际铁人三项赛公路自行车段

英国是一个由英格兰、威尔士、苏格兰和北爱尔兰共同组成的西欧岛国，许多运动项目是分开竞争的，每个地区都有自己的足球队。威尔士和苏格兰尽管都属于英国，但它们在同一个小组中分别参加了 2014 年世界杯预选赛。

然而，有时这四个地区联合起来代表英国参加奥运会，其正式名称为大不列颠及北爱尔兰奥运会代表队。

英国体育的基础设施十分完善。无论你喜欢哪种运动，你都会找到无数机会加入英国的俱乐部。从帆船到保龄球，从体操到跑步，英国几乎每一项运动都有俱乐部——2016 年总共有 15.1 万个。

2015 年，43%的英国居民表示，他们每周至少进行一次体育活动，略高于欧洲平均水平 41%。

如果你喜欢在室内运动，英国有无数的健身俱乐部和健身房。会员费用因设施、课程和会员人数的不同而差异很大。

利兹每年举办的半程马拉松

皮艇俱乐部的日常活动

位于威尔士的冲浪中心

6.3 英国购物

英国是一个文化多元的国家，有无数的英国和国际购物机会，这意味着你可以很快感觉到如在家中。无论你选择哪一个目的地，你都可以很容易地辨认出任何中小型城镇的商业街，那里的店面越来越统一：Boots 专注于美容品、保健品和药品，Lush 则侧重于有机化妆品，HMV 擅长音乐和娱乐，Topshop 针对时尚爱好者，而 John Lewis 更关注于家庭用品。

在英国生活最简单的购物方法就是找附近的“四大”超市的分店。“四大”这个词指的是英国最大的四个连锁超市。在英国杂货店的市场份额中，连锁超市占了近 75%。这四家零售商是：

- ASDA（525 多家商店）；
- Morrisons（500 多家商店）；
- Sainsbury’s（1 370 多家商店）；
- Tesco（在中国称“乐购”）（全英国 3 500 多家店）。

这“四大”就是英国最大和最知名的零售连锁店。

就其地点和规模而言，这些商店不仅销售小吃、食品、洗漱用品、非处方药和家庭用品，而且还扩展到提供文具、服装、电子产品、手机、煤气、金融服务，甚至公用事业。你也可以在网上订购食品。

虽然较小的便利店，如各城镇当地的便利店，通常位于城市中心，但那里也有大型超市，如 Tesco Extra 这类大型超市位于大型购物中心或城镇郊区，经常有店内药店和肉店的鲜肉以及面包师的糕点店、电器部、DIY、园艺工具等。另一个受欢迎的批量采购公司是美国好市多（Costco），在英国有 28 家商店，提供从海鲜到家具、从眼镜到汽车服务的所有东西。

当然，上述四家公司并不是英国唯一的杂货连锁店。四大巨头现在面临着来自欧洲大陆进口的竞争，比如德国的无装饰超市 Aldi 和 Lidl。

若前往玛莎百货（俗称 M&S）的食品大厅或附近的 Waitrose 超市（该超市拥有皇家授权书），可将货物交给伊丽莎白女王二世和查尔斯王子。在“生活必需品”范围内购买商品则意味着你可以享受高质量的产品，而不必支付同样高昂的代价。

“四大”也都提供它们自己的价值品牌，如 M savers 或 Asda Smart Price，这可能对减少生活开支很有帮助。冰岛（Iceland）则是另一家零售连锁，也以相当便宜的价格和冷冻食品而闻名。

通常的营业时间取决于商店类型和地点。超市从周一到周六营业，营业时间为6点或7点至22点或23点。市中心的便利店通常开得晚一点，关得早一点，而小城市的商业街商店或独立零售商可能只在10点到18点之间营业。

英国有法律规定周日交易时间。较大的商店在星期天的营业时间不能超过6小时，而且只能在10点到16点之间营业。但是，该法不适用于机场和火车站，也不适用于小型街角商店和"非营业执照"（街角商店可以买到必需品和酒精饮料），这些商店可以营业到很晚。但是，非营业执照不允许在工作日10点之前或周日12点之前出售酒类。

英国的超市非常适合有特殊饮食要求的顾客，较大的英国连锁超市提供许多可供选择的食物，以满足过敏者、宗教和伦理信仰者的需要。大型超市，如前面提到的"四大超市"，为乳糖不耐症的顾客提供一系列无麸质面包和牛奶替代品。例如，Sainsbury's的"美味的免费"系列提供无麸质姜饼饼干，而Waitrose则提供瑞典无奶冰淇淋和无麸质酱油。

在英国的超市里，提供纯素替代品来代替日常用品已经成为一种常态，比如奶酪和肉类。特别是，除了肉以外的素食替代品，在所有主要的超市都有出售，通常会提供一个完整的部分，专门为Quorn提供各种形式的食物，如汉堡和香肠。

同样，那些食肉的人也有一系列的选择，从自由放养的猪肉到清真鸡。大多数特易购商店出售清真肉类，英国各地约25家特易购商店在超市设有清真柜台，在那里出售符合伊斯兰法律的肉类产品。这些可以在伯明翰、布拉德福德、莱斯特、伦敦、曼彻斯特、谢菲尔德和其他几个城市找到。同样，Morrisons在其大多数商店都提供品牌清真肉类，甚至还推出了品牌如Haribo的清真糖果。在许多超市，包括Waitrose、Marks and Spencer、Tesco和Sainsbury's。羊肉通常来自新西兰，在这种情况下，肉类几乎总是清真的。

除了食品，可能还需要购买家用电器、厨房用具、家具、餐具或其他家用物品。像去德本汉姆这样的百货公司，或者去英国20家宜家店中的一家可能是最简单的解决方案。

有时你可能想避开英国的雨天，去一个大型的购物中心。英国有许多购物中心，在那里你可以找到各种各样的商店，几乎可以买到任何你可能需要的东西。

以下是一些最著名的英国购物中心，可能离你很近：

伦敦地区：

布伦特十字（Brent Cross）

英格兰西北部地区：
曼彻斯特特拉福德购物中心（The Trafford Centre，Manchester）
英格兰中西部地区：
伯明翰斗牛场购物中心（The Bullring，Birmingham）
英格兰东南部地区：
肯特蓝湖购物中心（Bluewater，Kent）
北爱尔兰地区：
贝尔法斯特维多利亚广场（Victoria Square，Belfast）
苏格兰地区：
布雷黑德购物中心（Braehead）
威尔士地区：
卡迪夫圣大卫中心（St David’s Centre，Cardiff）
英格兰西南部地区：
布里斯托尔卡伯特中心（Cabot Centre，Bristol）

英国纽卡斯尔市中心百货公司的中国新年橱窗展示

如果你的预算有限，去看看慈善零售协会的购物中心。慈善商店在英国非常普遍，它们是由慈善组织经营的节俭商店，由出售捐赠物品的志愿者组成，所得款项将捐给各自的慈善机构。

一家典型的慈善商店出售服装、玩具、家用亚麻布、瓷器和小装饰品，但也有一些提供家具和电子产品。大学城的慈善书店是英国购买二手书的好去处，或者是你搬回家之前把自己的图书扔掉的好去处。

几乎在英国的每一条大街上都能找到一些慈善商店。乐施会（Oxfam）是一个受欢迎的组织，致力于消除发展中国家的贫困。它有一个在线商店，在那里你可以在浏览衣服时选择首选的设计师。同样，英国心脏基金会以其商业街标签著称，同时也有网上商店。如果在伦敦，大多数伦敦市中心的慈善商店都有很棒的设计师服装，Marylebone 大街和 St John's Wood 的慈善商店是一个提供物美价廉货物的好地方。

6.4 英国的节假日

6.4.1 英国的公共假日

英国的公共假日通常被称为银行假日。由于英国是一个由四个地区组成的国家，所以官方假日会因居住在英格兰、威尔士、苏格兰或北爱尔兰而有所不同。根据你居住的地区不同，英国有八到十个银行假日。

英格兰和威尔士有八个银行假日：

- 新年（元旦）：1 月 1 日；
- 耶稣受难日：复活节前的周五；
- 复活节后的周一；
- 五一节：五月第一个周一；
- 春季银行假日：五月末周周一；
- 夏季银行假日：八月末周周一；
- 圣诞节：12 月 25 日；
- 节礼日（Boxing Day）：（圣诞节次日）。

在苏格兰，夏季银行假期是在 8 月初。此外，苏格兰人在 11 月 30 日和 1 月 2 日庆祝圣安德鲁节也是一个银行假日，但复活节后的周一不是。总结起来，苏格兰有九个银行假日。

在北爱尔兰，3 月 17 日的圣帕特里克节是一个银行假日，7 月 12 日的奥兰治节（Orange Festival）也是一个纪念波恩战役的节日。北爱尔兰共有十个银行假日，是英国假期最多的地区。

虽然英国有银行假日，但雇主不一定有义务在银行假日给雇员带薪休假。而且，今天在英国，许多商店仍在假日营业，所以不是每个人都有这些天的假期。

当银行假日是周末时，下周一通常是“替代”假日。例如，2017 年 1 月 2 日星期二有一个全国性的新年替代假日（苏格兰除外）。

英国没有国庆日（另一个国家丹麦也没有国庆日。）。鉴于世界上许多国家都以国庆节庆祝脱离英国殖民统治的独立，因此英国无国庆日有点讽刺意味。

6.4.2 英国的其他节庆

当然，除了银行假日，英国还有更多的庆祝活动和特殊场合的活动。

（1）篝火之夜（盖伊·福克斯之夜，Guy Fawkes Night）

“记住，记住，11 月 5 日”——这首略带萦绕的韵语介绍了篝火之夜，亦即盖伊·福克斯之夜，是英国最独特的节日之一。

盖伊·福克斯之夜是英格兰、苏格兰和威尔士的一个节日。篝火之夜不是庆祝发生的事情，而是庆祝没有发生的事情：1605 年的火药阴谋。福克斯和其他充满激情的罗马天主教徒参与了一场阴谋：炸毁议会，暗杀国王詹姆斯一世。当时伦敦大部分地区的建筑都是木制的，整个皇室精英都在场，这场阴谋一旦得逞就意味伦敦全城面临灾难。

英国人 11 月 5 日的庆祝活动是点燃篝火、燃放烟花和焚烧盖伊·福克斯的肖像。如今，盖伊·福克斯之夜的人气有所下降，因为人们对它的兴趣越来越少，安全法规也越来越严格。北爱尔兰不庆祝这个节日，一些人认为这类庆祝活动是不道德的，因为福克斯代表着受迫害的天主教少数民族，并意味着他们遭受暴力而死亡。

（2）英国纪念日

纪念日是 1918 年第十一个月的第十一天的第十一个小时，那是第一次世界大战结束的最后一天，德国正式投降。它第一次被纪念是在 1919 年，此后，每年 11 月，它向在战争中丧生的男人和女人们致敬。最初被称为停战日，在第二次世界大战后被重新命名为纪念日，当时包括英国在内的英联邦大多数成员国正式开始纪念这两次世界大战，以及不久在阿富汗等战区牺牲的英国士兵。

11 月的第二个星期日，除纪念外，还在 11 月 11 日 11 时整个英国默哀两分钟。在伦敦，参与活动的主要有政治家、宗教领袖，当然，还有王室成员聚集在纪念碑上参加仪式。敬献花圈是一种常见的仪式。

随着纪念日的临近，你会注意到人们将纸罂粟别在他们的外套上作为纪念日的象征。这些鲜红的花朵已经成为“佛兰德斯田野”和第一次世界大战中失去生命的象征。

（3）庆祝皇家假日

没有一个特定的银行假日来庆祝皇室，但肯定会有活动来庆祝的。尽管女王的实际生日是在 4 月，但女王却还是在 6 月的一个星期六正式庆祝她的生日，并举行一场彩排，更简单地说是女王的生日游行。虽然这是一场盛会，但公共假日并非其一部分。

然而，如果发生了一些具有纪念意义的事情，英国可能会创造一个公共假日。例如，2012 年标志着女王的钻石禧年和登基 60 年：只有这第二个君主达到了王位登基史上的里程碑。另一个是维多利亚女王。为了庆祝，传统的 5 月底的银行假日改为 6 月 4 日，6 月 5 日也成为一个一次性的银行假日，创造了一个罕见的四天周末。

（4）英国跨宗教节日

今天的英国是一个文化多元的社会。伴随着多元文化主义，出现了大量的宗教和文化节日，比如开斋节、排灯节、诺鲁兹、罗什・哈沙纳和古鲁・纳纳克。

在英国，这些假日已经被列入了每年的假日日历，只有部分人口庆祝，雇主通常不给雇员提供休假。

英国的圣诞集市

6.5 英国的博物馆、美术馆和文化节

英国有很强的资助艺术的传统。尽管伦敦和其他城市的商业美术馆可以盈利，但大多数文化组织依赖公共资金。英国四个地区都有自己的理事会负责资助：

- 英国艺术委员会；

- 北爱尔兰艺术委员会；
- 威尔士艺术委员会；
- 创意苏格兰。

英国文化委员会是艺术的另一个重要资金来源。理事会负责教育和国际文化活动，活跃在 110 个国家和地区。英国文化委员会的目标不是促进英国艺术，而是将其作为一种联系方式，支持国际和英国艺术家之间的合作，以及资助展览和活动。

强有力的艺术资助的一个结果是大多数英国国家博物馆都是免费参观的。由于 2001 年工党政府的改变，英格兰、苏格兰和威尔士国家博物馆的永久藏品（临时展览除外）可以免费参观。北爱尔兰有三个国家博物馆，其中一个是贝尔法斯特的阿尔斯特博物馆，可以免费进入。全国共有 50 多个国家博物馆均可免费进入。

这项政策极大地提高了英国博物馆的受欢迎程度，吸引了更多的英国观众。自 2001 年首次获准免费入境以来，到 2011 年，游客数量增加了 150%。

伦敦是一个曾经庞大帝国的首都，有许多宏伟壮观的博物馆可以证明其庞大。不列颠博物馆，可以说是英国所有博物馆中最著名的，也是世界上参观人数最多的博物馆之一，仅 2014 年至 2015 年就接待了 670 万游客。

不列颠博物馆（The British Museum）（又名不列颠博物馆）位于伦敦新牛津大街北面的罗素广场。该馆成立于 1753 年，于 1759 年 1 月 15 日起正式对公众开放，号称是第一座国家公共博物馆，是世界上历史最悠久、规模最宏伟的综合性博物馆，也是世界上规模最大、最著名的世界五大博物馆之一。

大英博物馆中国馆藏品之清朝乾隆年制三足鼎

大英博物馆中国馆藏品之敦煌壁画

大英博物馆的藏品展示了人类文化的历史，其中的瑰宝如罗塞塔石碑，为现代理解埃及象形文字提供了关键帮助。该馆收藏有世界各地许多文物和珍品及很多伟大科学家的手稿，藏品之丰富、种类之繁多，为全世界博物馆所罕见。大英博物馆拥有藏品 800 多万件。该博物馆藏有大约 800 万件文物，它还将许多珍宝借给英国的其他机构，这意味着你不必在伦敦见证博物馆提供的一切。在 2015 年至 2016 年期间，超过 770 万人观看了大英博物馆在英国其他地方拥有的展览和物品，全年共有超过 3 000 件物品被借出。

大英博物馆中国馆藏品之陶瓷判官人像

大英博物馆中国馆藏品之清朝丁亮先的《花果图》

大英博物馆确实是世界上最为著名的首屈一指的顶级博物馆。它收藏的藏品如此之多，从客观上来看，的确为世界保存了大量的文明遗产。从这个角度上来看，该博物馆功不可没。但是，从另外一个角度看，又不得不说这些藏品，或者说一部分藏品，并不是以和平正当的方式来到这里的，而是随着昔日大英帝国的殖民扩张从全球各地掠夺而来的。

从 17 世纪末开始到 18 世纪中期的这段时间里，大英帝国开始迅速崛起，最终取代了西班牙帝国，成为了第二代日不落帝国。尤其是在经历了工业革命之后，等到了维多利亚时代，大英帝国达到了极盛。

大英博物馆藏品数量如此之多，如此精良，堪称辉煌灿烂，其实大部分都是直接得益于大英帝国的全球性扩张，大量的藏品来自那些没落的文明古国，如古埃及、古希腊、古罗马，当然还有中国。根据联合国教科文组织的统计数据，中国在全球流失的文物一共有 164 万件，在这些文物中只有十分之一被全球 47 家博物馆收藏。此外，大批文物都收藏在那些私人收藏家手里。在这些博物馆里，大英博物馆是收藏中国古代文物最多的博物馆。

英国利兹市立图书馆的儿童区

伦敦自然历史博物馆外观

伦敦自然历史博物馆大厅

泰坦尼克博物馆

利物浦市立博物馆

英国还有不少别的博物馆，例如：

- 格拉斯哥 Kelvingrove 美术馆和博物馆；
- 爱丁堡国家美术馆；
- 泰特-利物浦；
- 曼彻斯特科学与工业博物馆；
- 约克国家铁路博物馆；
- 布里斯托市博物馆和美术馆；
- 河畔博物馆：苏格兰交通和旅游博物馆，格拉斯哥；
- 卡迪夫（加的夫）圣法根国家历史博物馆；
- 利物浦默西塞德海事博物馆；
- 伯明翰博物馆和艺术画廊，伯明翰；
- 曼彻斯特美术馆；
- 波罗的海泰恩河畔纽卡斯尔附近的盖茨黑德当代艺术中心；
- 利兹亨利摩尔研究所。

约克国家铁路博物馆展厅

曼彻斯特国家足球博物馆

艺术和文化节博物馆并不是“文化秃鹫”的唯一景点；从文学到电影，从街头表演到音乐，英国在节日方面有一个完整的时间表。音乐节在英国特别流行。下面是一些重要的文化节日：

- 爱丁堡边缘艺术节；
- 伦敦电影节；
- 格拉斯顿伯里；
- 怀特岛贝斯蒂瓦尔文化节；
- 曼彻斯特国际艺术节；

● 曼彻斯特 Parklife Weekender 节。

2017 年利兹灯光节现场

2016 年爱丁堡边缘艺术节现场

6.6 英国的交通

6.6.1 在英国开车

在英国开车是左行。乘汽车旅行可以让你在闲暇时领略乡村之景，但这也意味着要面对严格的超速法和其他交通法规的约束。

英国的道路网发展良好，高速公路和双车道的最高限速为每小时 70 公里。然而，在大城市，尤其是伦敦，乘公共交通往往更可取。在这里，拥堵收费和低排放区以及拥挤的交通使驾驶体验变得不那么惬意。

如果在欧盟其他成员国旅游，外国驾驶执照的有效期可以长达 12 个月，年龄也可以高达 70 岁。其他地方颁发的一些许可证可以换成英国的许可证，或者你必须申请和测试英国的许可证。

北爱尔兰关于驾驶执照的规定和交通规则与英国相似，但不一定完全相同。

将汽车进口到英国并在英国登记需要额外的文书工作，包括官方批准汽车符合当地环境和安全法规。

若游客来自另一个国家，在英国开车则需要进行一些调整：英国是世界上 50 多个国家要求在道路左侧行驶的国家之一。尽管苏格兰、北爱尔兰、威尔士和英格兰的管理方式各不相同，但英国各地的交通规则基本相同。

大多数住在英国的人都有自己的车。在英国开车是一种更方便的出行方式，尤其是在农村地区，公共交通可能只限于一辆间隔时间较长的公共汽车。

6.6.2 英国公路

英国有超过 26 万英里（超过 42 万公里）的公路，这对于一个岛屿王国来说已经是一个成熟的公路网络了。一旦习惯于靠左侧行驶者，结合已经掌握的右舵方向盘，驾驶在英国的道路上可以是非常有趣的。

在英国的英格兰、苏格兰和威尔士有“A”和“B”两种道路，还有高速公路（有时也被称为“M”道路）。道路是城市之间的主要通道。例如，A1 到 A6 围绕伦敦顺时针旋转，A7 到 A9 连接爱丁堡和其他苏格兰城市。B 路是较小的地方路线，也连接 A 路。这些道路通常不那么拥挤。在英国，高速公路是快速行驶的大型公路。北爱尔兰的分类采用类似的方案，一些次要车道额外标记为“C”道路。

英国几乎没有收费公路。有些桥梁过桥收费。此外，伯明翰地区一段 43 公里（27 英里）长的 M6 高速公路是一条收费公路，被称为 M6 收费公路。目前，它向汽车司机收取 3.80 英镑至 5.50 英镑的道路使用费，具体取决于一天中的时间和一周中的某一天。

6.6.3 大伦敦开车须付费

在英国的乡村开车可以很轻松，给人一种愉快的假期感觉。然而，把车开到大城市，特别是大伦敦地区，可能会考验驾驶者的耐心。伦敦有一个综合的公共交通系统，因此建议人们不必在伦敦开车。

伦敦市一直在努力大幅度减少其烟雾和污染程度。其第一步是减少伦敦市中心的交通量。这座城市对该地区征收拥堵费，在一定程度上取得了成功。

这项收费适用于在街道和道路标志上以红色背景上的白色 C 标记的区域，该区域由拍摄驾驶员牌照的摄像头围起来。在工作日的 7 点至 18 点期间进入上述区域将收取 11.50 英镑，具体金额可能略有不同，这取决于选择的付款方式和结算账单的速度。驾驶者需要在进入该区域当天的午夜之前支付费用，以避免罚款，可以通过在线、短信或在带有拥堵收费标志的商店进行支付。

此外，2008 年还在大伦敦地区实施低排放区（LEZ）。LEZ 要求车辆不符合严格排放标准的所有人在指定区域内支付驾驶费用。虽然汽车和摩托车通常不会受到影响，但小型货车、皮卡、卡车和公共汽车可能需要付费。除了频繁的交通堵塞和有限的停车位，这也是司机避开伦敦的另一个好理由，即使他们在英国其他地方有熟练的驾驶经验。

6.6.4 顺时针进入环形交叉路口——在英国驾驶

英国社会生活中每一个方面都至少会有一个惊喜。对于很多人来说，开车是小菜一碟。虽然在大多数国家，人们在道路的右侧行驶，但英国居民的做法不同。驾驶者靠左开，车的方向盘在右边。

持外国驾照驾驶时，必须去驾驶执照和车辆执照管理局登记。如果在英国生活期间不确定是否使用驾驶执照，请使用英国驾驶互动工具。有一个类似的工具可以检查是否需要以及何时需要交换外国许可证。交换的许可证是填写 d1 表格并将其连同任何附加文档和 43 英镑发送到表格上所写的地址。除此之外，只要年满 17 岁并且持有有效（临时）驾驶执照，在英国开车就没有障碍。在英国居住期间，在原居住国签发的驾驶执照有效期最多为三年（欧盟/欧洲经济区国家）或十二个月（其他国家）。在此期间结束时，需要将其换成英国驾照（欧盟/欧洲经济区国家）或获得临时驾照并通过驾驶考试（其他国家）。

6.6.5 英国的公共交通

英国的公共交通通常相当好，尽管不便宜。整个英国都有庞大的铁路和长途汽车服务网络。它们甚至使国家的偏远地区容易接近（如果你不介意因正在进行维护而偶尔延迟）。大多数城市将拥有广泛的公共汽车和轻轨服务网络，如有轨电车或地铁。

自 2003 年实行拥堵收费以来，公共交通通常是绕行伦敦市中心最快捷、最便宜的出行方式。这项收费每天为 11.50 英镑，不包括周末，它覆盖了伦敦市中心相当大的区域，以帮助减少和控制市中心的交通。伦敦最快的交通工具是地铁，但它因高峰时段拥挤不堪而遭市民诟病。

伦敦交通卡

6.7 英国的生活与健康保险

6.7.1 英国的生活

英国有繁华的城市和宁静的乡村。

让我们先驳斥一个常见的陈词滥调：英国的天气并没有那么糟糕。其实不是这样，就你选择的地区，你可能要经历高于平均水平的降雨。不过，总体而言，英国气候温和。英格兰南部夏天阳光充足，气温往往达到27摄氏度。然而，在英国北部，你必须忍受更多的雨水和更低的气温。

幸运的是，在高湿度下还会有一线希望，那就是遇见一个绿油油的乡村，那里有绿色的草地、起伏的山丘和茂密的树林。英国有大量的国家公园，当地人非常喜欢去那里休闲。英国的生活包括各种户外运动和休闲活动，例如徒步旅行、骑自行车、攀岩或驾驶皮划艇。你还可以去海滩度假。英国人喜欢他们的海滩小屋，在南海岸特别是在西南部有一些令人惊叹的海滩。

如果你计划在英国生活，作为一个外国人，你可能会找一个工作室，一套公寓，或一所小房子。你甚至可以从你的雇主那里得到帮助。如果你正在整理你自己的住所，这里有一些找房子的技巧可以帮你找到满意的住所。

虽然雇用房地产经纪人可以省去很多麻烦，但这并不总是确保获得最佳效果的途径，因为他们往往收取各种管理费用。另一种找到住处的方法是通过一家分类广告报纸的网站做广告。互联网通常是一个很好的渠道，像Gumtree、Rightmove和Home这样的网站可以满足你找房的需求。如果你打算住在伦敦，给你强烈推荐搬家公寓，特别是对于喜欢住在合租公寓的年轻人来说，这是又一渠道。

除非你住在高档住宅区，否则你可能会发现有些建筑缺乏现代舒适感。英国许多房屋可以追溯到维多利亚时代。它们看起来很漂亮，但并不都是最舒适的居住场所。如果你的公寓里有煤气用具，请向你的房东或房地产经纪人询问最近安全检查的证明。

6.7.2 英国的健康保险

（1）国民健康保险制度及其提供的服务

英国有一个公共资助的医疗体系，称为国民健康服务（NHS）。英国国民保健制度对居住在英国的每个人都是免费的。一旦你找到了一个居住的地方，你应该向最近的全科医生登记。如果你需要治疗，他们可以送你去医院。如果发生紧急情况，你可以直接去最近医院的急诊室。

在国民保健制度下，有一些服务你必须为之付费：牙科护理、眼部护理、处方药、假发和织物支架（如脊柱和腹部支架）。对于牙科护理，需要找到自己的牙医，并为每种治疗支付一笔钱。一般来说，NHS 服务足以覆盖常见疾病，在紧急情况下可立即看医生。不过，等待治疗非致命疾病的名单可能会很长。

（2）私人保险

一些人选择购买私人医疗保险，许多大公司为员工提供医疗保健计划作为它们的一揽子计划的一部分。私人健康保险计划让患者可以接触到私人医生、专家、医院以及 NHS 设施。其好处是缩短等候时间、可去医院的私人房间以及根据喜好选择医生或医院。后者可能会吸引那些在本国找到医生或说母语的外籍人士。

在英国没有常见的健康风险，但英国国民保健署建议对破伤风免疫。英国有孩子的父母应该关注的一件事是英国儿童肥胖的流行率。政府一直在通过学校项目来解决这一问题，比如健康的午餐和鼓励体育锻炼。

6.8 英国的教育

6.8.1 公立学校

英国学校的公共教育是所有 4 至 16 岁儿童的义务教育。孩子们在 5 岁到 11 岁之间上小学，然后再上中学。离开学校的年龄是 18 岁，但最后两年是可选的。英国的公立学校免费。如上所述，这可能是英国 90%以上儿童上公立小学或中学的主要原因。

英国的公立学校由各自的地方当局资助和监督，但大多数学校必须遵循国家课程。公立学校也有不同的类型。公立学校又可以分为社区学校、基金会或信托学校、自愿援助或自愿控制的学校、信仰学校、学院或文法学校。不同类型的公立学校在其管理及其组织方式上大相径庭。例如，英国的宗教学校属于宗教机构，但它们也从地方议会那里得到经费。

英国学校通常从 9 月 1 日至第二年的 7 月 31 日为一学年。正常的学校一天从上午 8 点—9 点开始上课，到下午 3 点—4 点下课。然而，主管学校者（如地方议会）也规定确切的学期时间和假期。因此，英国不同的学校之间有差异。一些学校在上课结束后对受监督的活动有额外的规定。

公立学校实行就近入学政策。在英国学校，教学媒介语通常是英语。但也有一些例外。威尔士的学校提倡使用威尔士语进行教育，对于那些在威尔士上学的学生来说，这是强制性的，直到16岁。而北爱尔兰的学校则提供爱尔兰盖尔语的课程。当你在各个学校咨询时，别忘了问学校是否为英语作为第二语言的学生提供额外的支持。

在小学里，孩子们专注于数学和识字的“核心科目”（即阅读、拼写和写作）。他们还接受科学、历史、地理、技术、艺术、音乐和宗教教育，并且必须参加体育活动。其中，宗教教育不是强制性的，家长有权申请孩子不参与学习。

家长每年至少会收到一次关于孩子行为、发展和进步的学校报告。第二年之后，孩子还会接受老师的非正式评估。在第六年，关键阶段2结束时，所有在英国上小学的学生都可以选择参加标准化考试，以测试他们在英语、数学和科学方面的成绩。这些关键阶段2的考试很重要，有助于鉴定孩子的学习能力，从而进入英国的某些中学。孩子可以选择一所中学来参加考试，而这所学校通常是他们接受中等教育的首选。

6.8.2 私立学校

有能力支付子女教育费用的父母可能会考虑送他们去私立学校，这类学校在英国也被称为独立学校。只有不到 8%的学生能负担得起在英国的一所私立学校上学的费用。许多私立学校提供寄宿设施，但并非所有学校均如此。私立学校班级规模普遍较小，教学水平高于大多数公立学校。私立学校的录取是基于学业成绩，或者仅仅是基于是否有名额。

6.8.3 国际学校

许多在英国的外籍人士更喜欢把他们的孩子送到国际学校。尽管在大多数情况下，教学语言仍然是英语，但这些学校提供全球公认的IB文凭，该文凭可以促进向世界各地大学的过渡。

国际学校（通常是私立机构）大多提供多种语言的环境。在国际学校，孩子们很可能会与其他外籍儿童和第三文化儿童（即在成长时期被父母送到另一个文化环境中受教育的儿童）交往，接触一个多元化的环境。

英国全国有许多国际学校，在伦敦及其周边地区都有大量的国际学校及其学生。然而，等候入学的名单可能是一大串，而且费用也相对较高。

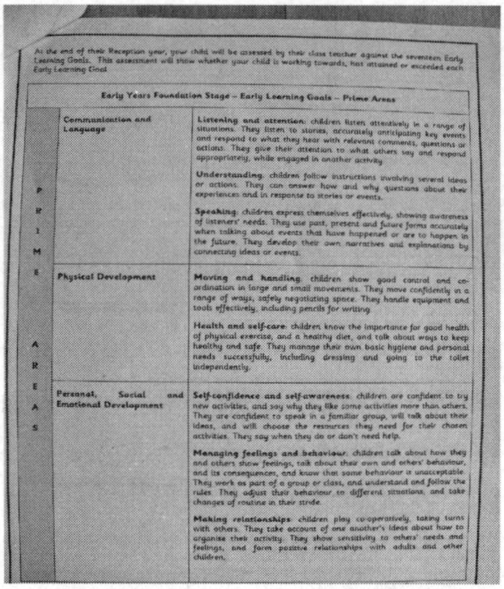

At the end of their Reception year, your child will be assessed by their class teacher against the seventeen Early Learning Goals. This assessment will show whether your child is working towards, has attained or exceeded each Early Learning Goal.

Early Years Foundation Stage – Early Learning Goals – Prime Areas		
PRIME AREAS	Communication and Language	**Listening and attention**: children listen attentively in a range of situations. They listen to stories, accurately anticipating key events and respond to what they hear with relevant comments, questions or actions. They give their attention to what others say and respond appropriately, while engaged in another activity. **Understanding**: children follow instructions involving several ideas or actions. They can answer how and why questions about their experiences and in response to stories or events. **Speaking**: children express themselves effectively, showing awareness of listeners' needs. They use past, present and future forms accurately when talking about events that have happened or are to happen in the future. They develop their own narratives and explanations by connecting ideas or events.
	Physical Development	**Moving and handling**: children show good control and co-ordination in large and small movements. They move confidently in a range of ways, safely negotiating space. They handle equipment and tools effectively, including pencils for writing. **Health and self-care**: children know the importance for good health of physical exercise, and a healthy diet, and talk about ways to keep healthy and safe. They manage their own basic hygiene and personal needs successfully, including dressing and going to the toilet independently.
	Personal, Social and Emotional Development	**Self-confidence and self-awareness**: children are confident to try new activities, and say why they like some activities more than others. They are confident to speak in a familiar group, will talk about their ideas, and will choose the resources they need for their chosen activities. They say when they do or don't need help. **Managing feelings and behaviour**: children talk about how they and others show feelings, talk about their own and others' behaviour, and its consequences, and know that some behaviour is unacceptable. They work as part of a group or class, and understand and follow the rules. They adjust their behaviour to different situations, and take changes of routine in their stride. **Making relationships**: children play co-operatively, taking turns with others. They take account of one another's ideas about how to organise their activity. They show sensitivity to others' needs and feelings, and form positive relationships with adults and other children.

英国利兹当地某公立小学学前班
学生的学科学习目标（1）

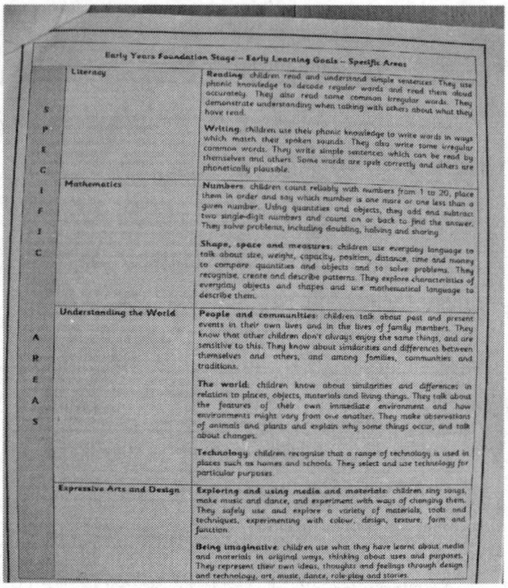

Early Years Foundation Stage – Early Learning Goals – Specific Areas		
SPECIFIC AREAS	Literacy	**Reading**: children read and understand simple sentences. They use phonic knowledge to decode regular words and read them aloud accurately. They also read some common irregular words. They demonstrate understanding when talking with others about what they have read. **Writing**: children use their phonic knowledge to write words in ways which match their spoken sounds. They also write some irregular common words. They write simple sentences which can be read by themselves and others. Some words are spelt correctly and others are phonetically plausible.
	Mathematics	**Numbers**: children count reliably with numbers from 1 to 20, place them in order and say which number is one more or one less than a given number. Using quantities and objects, they add and subtract two single-digit numbers and count on or back to find the answer. They solve problems, including doubling, halving and sharing. **Shape, space and measures**: children use everyday language to talk about size, weight, capacity, position, distance, time and money to compare quantities and objects and to solve problems. They recognise, create and describe patterns. They explore characteristics of everyday objects and shapes and use mathematical language to describe them.
	Understanding the World	**People and communities**: children talk about past and present events in their own lives and in the lives of family members. They know that other children don't always enjoy the same things, and are sensitive to this. They know about similarities and differences between themselves and others, and among families, communities and traditions. **The world**: children know about similarities and differences in relation to places, objects, materials and living things. They talk about the features of their own immediate environment and how environments might vary from one another. They make observations of animals and plants and explain why some things occur, and talk about changes. **Technology**: children recognise that a range of technology is used in places such as homes and schools. They select and use technology for particular purposes.
	Expressive Arts and Design	**Exploring and using media and materials**: children sing songs, make music and dance, and experiment with ways of changing them. They safely use and explore a variety of materials, tools and techniques, experimenting with colour, design, texture, form and function. **Being imaginative**: children use what they have learnt about media and materials in original ways, thinking about uses and purposes. They represent their own ideas, thoughts and feelings through design and technology, art, music, dance, role-play and stories.

英国利兹当地某公立小学学前班
学生的学科学习目标（2）

英国利兹当地某公立小学的一年级教室

英国利兹当地某公立小学的四年级教室

英国利兹当地某公立小学五年级教室内的阅读角

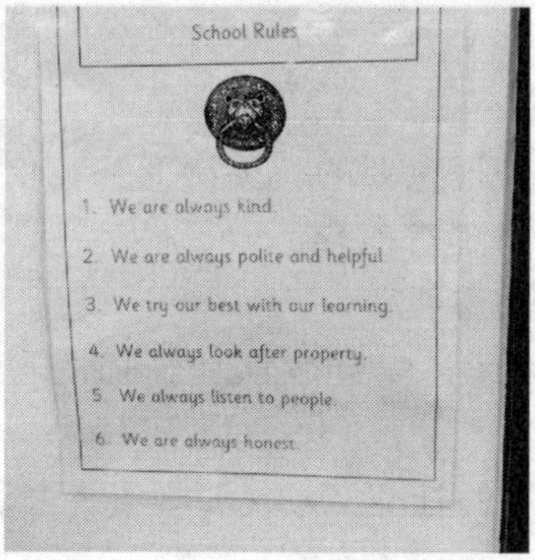

英国利兹当地某公立小学的学校守则

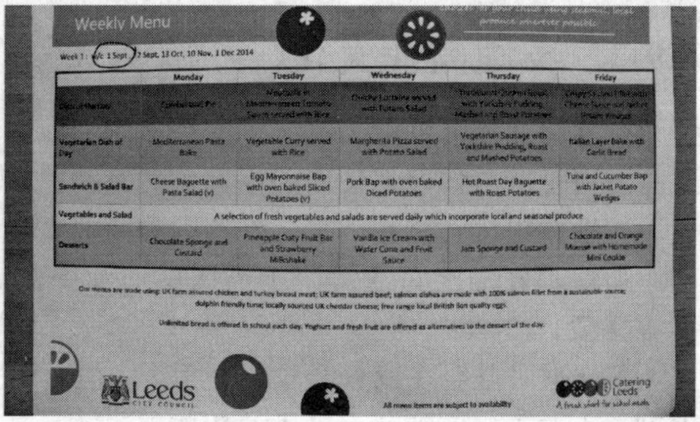

英国利兹当地某公立小学的某周午餐菜单

6.9 英国文化的多样性和不同的社会习俗

在某些方面，英国社会可以被视为传统和现代交汇的地方。后者主要体现其文化的多样性，前者表现为一种挥之不去的阶级意识。这种现代社会与传统社会习俗的结合可能对一些人来说是一种新的体验，但毕竟是一种丰富多样的文化氛围。

种族多样性对英国的就业和就业市场产生的一个主要影响是：大多数英国雇主认同机会均等，任何基于种族、性别、年龄或残疾的歧视都将受到谴责。不管你的背景如何，你都能得到尊重，社会也会要求你对他人给予同等的尊重。

6.9.1 英国商务礼仪

工作场所的气氛在很大程度上取决于你所在的公司。年轻的公司，特别是在媒体和创意领域，往往比传统的有着严格等级结构的企业其工作环境并不那么拘谨。同事和业务合作伙伴通常彼此直呼名字，但为了避免在新的环境中可能出现的尴尬，还是应该遵守惯例。商务礼品在英国公司被认为是不合适的。

英国式的谈话方式是你不得不适应的。它往往是间接的、低调的、模棱两可的。在会议上，应尽量避免发表明确的声明或直接批评。直截了当地反对可能被认为是不礼貌的。同样，为了与英国人进行有效的交流，学会礼貌对话也是很重要的。与直接的不满声明相反，懂得如何礼貌地对话将支持你在英国正常而惬意地生活和工作。

6.9.2 英国商业文化

在英国开始做生意之前，了解英国的商业文化是很重要的。英国商务礼仪的某些方面可能与你习惯使用的不同，尤其是沟通风格更有差异。

如果你想达成交易，掌握好英国的商业文化至关重要。

幽默和轻描淡写经常用于英国的商业交流。因此，学会幽默和轻描淡写显得很重要。

虽然准时赴会在商务会议中很重要，但对于一般的社交活动（如晚餐）来说，迟到一点并不一定被认为是不礼貌的。

商务会议遵循既定的议程，应提前安排好。

在英格兰、苏格兰、威尔士和北爱尔兰，每一地区都以拥有自身独特的遗产而自豪。因此，你应该非常小心地将你的英国商业伙伴称为“英语”。除非你确信他们来自英国，否则，你会冒着冒犯别人的风险，并以错误的方式开始建立你的业务关系。

6.9.3 业务介绍：留下良好的第一印象

第一次与英国人见面时，你应该紧紧握手，保持眼神交流。在英国的商业文化中，没有正式的仪式以交换名片。你只需自然地接受名片，并在看了之后把它收起来。

英国人通常从一开始就彼此直呼名字。在英国的商业文化中，通常不使用学术头衔，除了医生；如果你自报学术头衔，那可能被视为傲慢的表现。

6.9.4 英国办公室着装规范

英国商业文化中的着装通常相当保守，尽管这在一定程度上取决于你所在的行业以及你的公司的年岁。那些在创意领域以及年轻公司和初创企业的员工，往往被允许穿上“时髦休闲”的商务装，除非他们要会见客户。此外，更传统的公司，尤其是金融部门，仍然倾向于对着装规范得非常严格。

如果你不确定自己应该穿什么，最好谨慎行事，穿着保守些。对于男人来说，宜着深色西装，而对于女人来说，宜着深色西装或保守的礼服。

6.9.5 了解英国的幽默、轻描淡写等

间接性是英国商业文化中沟通的一个重要方面。懂得如何沟通，对你与商业伙伴交往很重要。此外，在理解英国商人对你所说的话背后的实际含义时要牢记

这一点，即英国人强烈反对制造公开冲突。因此，你要切实礼貌待人。这通常意味着你对英国人要作出含糊和间接的陈述。

6.9.6 避免直接陈述

使用礼貌用语，旨在避免冒犯对方。直截了当地表示与某人意见不合被认为是极不礼貌的。如果你过于直截了当，你可能会被认为傲慢和咄咄逼人，这会阻碍良好的商业关系的建立。

你若要在英国商界取得成功，至关重要的是，你必须读懂这类间接演讲中的内容。例如，如果你向你的英国同事提出一些建议，并得到答案，说些"也许……这是一个有趣的观点"这类话，那么另一方可能不会太受你的想法的影响。

6.9.7 英国著名的幽默

幽默也是英国商业文化中的一种重要沟通手法。它经常被用来减轻紧张情绪和分散压力。英国人尤其喜欢枯燥而机智的幽默，以及自嘲、自我否定的幽默。自我嘲笑也是一种与对方沟通的方式。然而，你也应该知道，在商业环境中使用幽默并不意味着没有认真对待彼此的交往。

英国人很保守，做生意时很少表现出强烈的情绪。他们用间接的言语甚至幽默和轻描淡写的方式来保持商业环境的自然状态和低调氛围。因此，有时理解你的英国商业伙伴对事对人的看法可能是一个挑战。说话时要小声点，尽量避免做大而有力的手势。

英国某博物馆内有关残障、歧视和平等的讨论墙

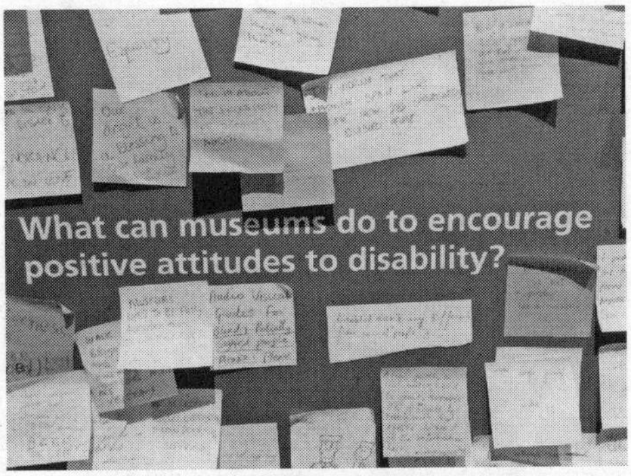

话题之一：博物馆能如何鼓励人们积极对待残障问题？

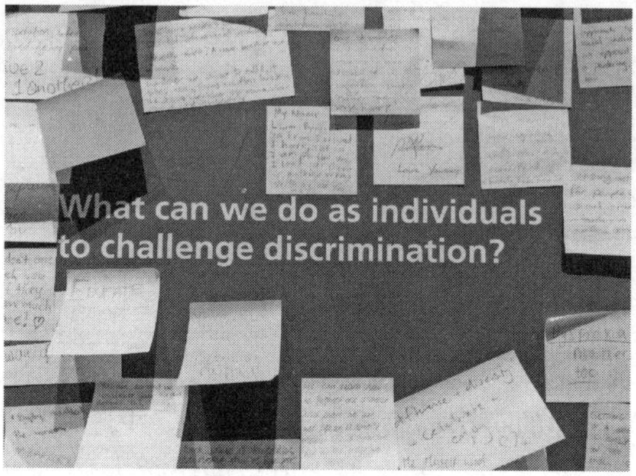

话题之一：个人如何挑战歧视？

参考文献

[1] 王虹. 当代英国社会与文化［M］. 上海：上海外语教育出版社，2003.
[2] 王振华. 英国（列国志）［M］. 北京：社会科学文献出版社，2003.
[3] 王展鹏. 英国发展报告（2015—2016）［C］. 北京：社会科学文献出版社，2016.
[4] 王展鹏. 英国发展报告（2016—2017）［C］. 北京：社会科学文献出版社，2017.
[5] 比尔·考克斯、林顿·罗宾斯、罗伯特·里奇. 当代英国政治［M］. 孔新峰，蒋鲲译. 北京：北京大学出版社，2009.
[6] 刘燕、王培章. 英国［M］. 北京：中国工商出版社，2016.
[7] 李艺春、邢国宏. 老牌英法德［M］. 深圳：海天出版社，2010.
[8] 李豪明. 英美银行监管制度比较与借鉴［M］. 北京：中国金融出版社，1998.
[9] 吴国培、杨少芬、赵晓斐. 英国金融制度［M］. 北京：中国金融出版社，2016.
[10] 胡娜. 中英双边贸易的比较分析［D］. 河北大学硕士论文，2015 年.
[11] 侯旭鲲. 当代英国经济解析［M］. 广州：世界图书出版广东有限公司，2013.
[12] 黄卫邦. 英国福利制度的改革与启示［D］. 外交学院硕士论文，2015 年.

网站：

国际货币基金组织：http://www.imf.org/external/index.htm

世界贸易组织：https://www.wto.org/

英国统计局：https://www.ons.gov.uk/

英国政府网：https://www.gov.uk/

中国商务部：http://www.mofcom.gov.cn/
中国海关总署：http://www.customs.gov.cn/
维基百科网：https://www.wikipedia.org/
百度百科：https://baike.baidu.com/

致 谢

感谢李冠良先生（英国布拉福德大学工商管理硕士，英国特许公认会计师），对本书的宝贵贡献。他以企业家的视角，从专业实操和从业者的角度提供了很多中肯的意见和建议，并参与了第 3、4、5 章的编写。在撰写过程中，凡涉及贸易与投资的内容，李先生都追根溯源，力求数据来源权威、真实。

感谢李冠良先生和孙维霞女士提供近年来在英国访学、工作和旅行期间拍摄的珍贵照片。这些照片直观地展现了英国多元的经济、社会和生活风貌，让读者更易理解、更有共鸣。

最后，我谨对丛书的总主编杨言洪教授、对外经济贸易大学出版社社长余兴发先生、责任编辑刘丹女士表示由衷地感谢，他们都为本书的面世付出了极大地心血和支持。

谨以此书祝愿中英经贸关系常历“黄金时代”。

王 波

2019 年 12 月